提高版

中华传统美德

经典诵读

◎ 主编／颜炳罡　副主编／赵卫东·李文军

国学启迪智慧　诵读感悟人生

已入选"中国孔子基金会文库"

已入选"中国孔子基金会'孔子书房'目录"

国学经典诵读工程研究与推广中心 编

济南出版社

图书在版编目（CIP）数据

中华传统美德经典诵读：提高版/国学经典诵读工程研究与推广中心编. -- 济南：济南出版社, 2014.5

ISBN 978-7-5488-1270-8

Ⅰ. ①中… Ⅱ. ①国… Ⅲ. ①中华文化 - 中学 - 课外读物 Ⅳ. ①G634.303

中国版本图书馆CIP数据核字（2014）第084736号

图书策划　崔　刚
责任编辑　冀瑞雪
封面设计　侯文英　张　倩

出版发行　济南出版社
地　　址　济南市二环南路1号
邮　　编　250002
网　　址　http://www.jnpub.com.
电　　话　0531 - 86131747（编辑室）
　　　　　86131731　86116641　86131729　86131747（发行部）
印　　刷　山东省东营市新华印刷厂
版　　次　2015年6月第1版
印　　次　2015年6月第1次印刷
开　　本　720mm×1000mm　1/16
印　　张　12.25
字　　数　250千
定　　价　29.00元

法律维权　0531-82600329

编委会

前　言

　　中华传统美德是中华文化的精髓，它体现了中华民族的精神、神韵、气质与品格。它既是中华民族在长期的历史发展过程中创造的博大精深的中华文化的重要组成部分，又是中华民族生生不息，不断发展壮大的精神支撑。直至今天，中华传统美德依然是我们为人处世、待人接物的基本规范，也是我们评价是非善恶的价值标准。

　　习近平总书记指出："不忘本来才能开辟未来，善于继承才能更好创新。对历史文化特别是先人传承下来的价值理念和道德规范，要坚持古为今用、推陈出新，有鉴别地加以对待，有扬弃地予以继承，努力用中华民族创造的一切精神财富来以文化人、以文育人。"中华民族是伟大的民族，在五千多年历史发展过程中，我们的先人创造了丰厚的物质财富与精神财富，为人类文明的进步与发展做出了巨大的贡献。如果说古希腊先哲更多关注自然，那么我们的古圣往贤更多地关注人本身，西方人一向崇智，而中国人首在明德，因而中国的古圣往贤在诚意、正心、修身、齐家、治国、平天下等方面积淀了丰厚的精神财富。今天，我们要深入挖掘与整理这些精神财富，做到古为今用，推陈出新，有鉴别地加以对待，有扬弃地予继承，努力用中华民族创造的精神财富来以文化人，以文育人，最终实现以文成人。

　　中国经籍浩如烟海，而这些经籍无疑是中华传统美德经典的载体，从浩如烟海的中国古籍中，对最具有代表性的中华传统美德的文字进行寻章摘句，可谓沙里淘金。我们力图筛选出中华传统美德颇具代表性的文字以供世人读诵、理解、领会、体悟，并加以身体力行。全书的结构由"立志"始，到"人人皆可为尧舜"结束，贯穿着"立志为尧舜"这一主旨。立志做圣贤，不过是立志做人而已。既然是做人，当然是做好人，而不是做坏人，好人就是有道德、讲道德、实践道德的人。而最好的好人，就是君子、圣贤，实现由"人人皆可为尧舜"到人人学做尧舜的跨越。

本书的目的旨在激发广大民众的内在道德情感、道德意愿和道德自觉意识，让人们养成正确的道德、是非、善恶的判断，使人们具有承担道德责任的勇气，提高人们道德实践能力，引导人们向往和追求讲道德、尊道德、守道德的生活，形成向上的力量、向善的力量。正如习近平总书记所说，"只要中华民族一代接着一代追求美好崇高的道德境界，我们的民族就永远充满希望。"

提高版是对基础版的深化，也是对基础版的提高。如果说基础版由好学始，到君子终，以学为君子为编写主线的话，那么提高版则以立志始，以期于圣贤终，则是立志成就圣贤为主线。提高版之提高既是对读者境界要求的提高，也是对读者理解力要求的提高。我们希望读者读完基础版再读提高版确有一种提高之感。

全书分为十七个单元，每单元又分为三个小节，每一小节又分为"经典诵读""解字说文""阅读拓展"。"经典诵读"是中心、灵魂，"解字说文"是为理解经典服务的，而"阅读拓展"旨在扩大经典诵读的视野，或借事说理以呼应经典的文意。

诚然，我们水平有限，见闻不博，在经典选编上可能遗漏了更具有代表性章节。同时，为尊重古人和经典意义的相对完整性，我们在选编经典章节时，尽量做到不删节或少删节，经典章节中一些语句难免与现代人的观念不相适应，这需要老师与家长加以引导，作出正确解读。而在"解字说文"部分可能存有错误之处，请求各界朋友予以批评指正，以便于我们进一步完善。

颜炳罡

2015 年夏于尼山圣源书院

目 录

第一单元 立志

一 志不立，天下无可成之事

①

王子垫问曰："士何事？"孟子曰："尚志。"曰："何谓尚志？"曰："仁义而已矣。杀一无罪，非仁也；非其有而取之，非义也。居恶在？仁是也；路恶在？义是也。居仁由义，大人之事备矣。"

——《孟子·尽心上》

解字说文

说文 王子垫问道："读书人应当做些什么事情呢？"孟子回答说："读书人崇尚高洁的志行。"王子垫又问："怎样才算是崇尚高洁的志行呢？"孟子回答说："不过是做任何事情都要遵循仁爱与正义的原则罢了。杀死一个没有罪过的人，就违背了仁爱的原则；不是自己的东西却据为己有，就违背了正义的原则。哪里是我们的安身立命之所呢？仁爱就是我们的安身立命之所；哪里是我们通往这个安身立命之所的道路呢？正义就是我们通往这个安身立命之所的道路。以仁爱作为安身立命之所，通过正义这条道路来实现它，做到以上这两点，志向行为高尚的人的任务也就完成了。

> **小知识** 孟子（约前 372– 约前 289），名轲，战国时期杰出的思想家，儒家学派的著名代表人物。孟子毕生以弘扬孔子的王道仁义思想为己任，不辞劳苦，周游于梁、齐、宋、滕、鲁等诸侯国之间，向各国的国君和士大夫宣讲儒家的治国理念及道德主张。他晚年时回到故乡，与学生公孙丑、万章等著《孟子》七篇。

②

　　凡人须以圣贤为己任。世人多以圣贤为高，而自视为卑，故不肯进。抑不知，使圣贤本自高，而己别是一样人，则早夜孜孜，别是分外事，不为亦可，为之亦可。然圣贤禀性与常人一同，既与常人一同，又安得不以圣贤为己任？自开辟以来，生多少人，求其尽己者，千万人中无一二，只是羁同枉过一世！《诗》曰："天生烝民，有物有则。"今世学者，往往有物而不能有其则。《中庸》曰："尊德性而道问学，极高明而道中庸。"此数句乃是彻首彻尾。人性本善，只为嗜欲所迷，利害所逐，一齐昏了。圣贤能尽其性，故耳极天下之聪，目极天下之明，为子极孝，为臣极其忠。

——《朱子语类》卷八

解字说文

解字 禀性：天性。

说文 每个人都应当以成为圣贤作为自己的责任。世人大多认为圣贤高高在上，而自己与圣贤相比很卑微，因此不愿学做圣贤。他们不知道，假如圣贤天生就高高在上，而自己是完全不同的另外一种人，那么就算从早到晚忙忙碌碌，所干的也只是可有可无的分外事。然而实际上圣贤的本性与普通人是相同的，既然如此，普通人又哪能不以成为圣贤作为自己的责任呢？自天地开辟以来，诞生了无数人，但从中寻求完全实现自己本性的人，千万人里面也未必有一两个，绝大多数人只是随波逐流地枉过一生！《诗经》中说："上天降生了众多的百姓，所有的事物都有自己的法则。"如今的学者，往往能做事却没有做事的原则。《中庸》说："恭敬持奉道德本性并践行学问之事，极尽高大光明的境界而行之以平常法则。"这几句话说得十分透彻。人的本性是善的，只是因为被不合理的欲望迷惑、被自私自利的贪念逐迫，所以自己的善性全部被蒙蔽了。圣贤能完全实现自己至善的本性，因此耳目极尽聪明，身为人子则尽孝，身为人臣则尽忠。

> **小知识** 朱熹（1130-1200），字元晦，号晦庵，宋代著名理学家、思想家、教育家。朱子学问渊深广博，在我国古代经学、哲学、史学、文献学等诸多领域都取得了极高的成就，产生了延续近千年的重大影响，现今仍然广为流传的《四书集注》《诗集传》等著作就是朱子所作。

③

志不立，天下无可成之事，虽百工技艺，未有不本于志者。今学者旷废隳惰，玩岁愒时，而百无所成，皆由于志之未立耳。故立志而圣，则圣矣；立志而贤，则贤矣。志不立，如无舵之舟，无衔之马，漂荡奔逸，终亦何所底乎？

——《王阳明全集》卷二十六《教条示龙场诸生·立志》

解字说文

解字 旷废隳惰：旷废，废弛、荒废；隳惰，懈怠、懒惰。玩岁愒时：愒，荒废，指贪图安逸、虚度岁月。

说文 志向没有树立起来，天下就没有能够做成的事，即便是工匠艺人，也没有不本于志向行事的。如今的学者懈怠懒惰，挥霍时日，一事无成，都是由于没有立志。因此人能够立志做圣人，他就有了圣人的品质；立志做贤人，他就有了贤人的品质。人不树立志向，就如同没有舵的船、没有嚼子的马，飘来荡去四处乱闯，最后又能到达什么目的地呢？

> **小知识** 王守仁（1472—1529），字伯安，别号阳明，明代著名哲学家，心学的代表人物。后人为了表示对他的尊敬，称其为"王阳明"或"阳明先生"。其主要著作有《传习录》《〈大学〉问》等。

阅读拓展

班超志骋万里

班超字仲升，扶风平陵人，徐令彪之少子也。为人有大志，不修细节。然内孝谨，居家常执勤苦，不耻劳辱。有口辩，而涉猎《书》《传》。永平五年，兄固被召诣校书郎，超与母随至洛阳。家贫，常为官佣书以供养。久劳苦，尝辍业投笔叹曰："大丈夫无它志略，犹当效傅介子、张骞立功异域，以取封侯，安能久事笔研间乎！"左右皆笑之。超曰："小子安知壮士志哉！"其后行诣相者，曰："祭酒，布衣诸生耳，而当封侯万里之外。"超问其状，相者指曰："生燕颔虎头，飞而食肉，此万里封侯相也。" ——《后汉书·班超传》

大意：

班超（32-102），字仲升，扶风平陵（今陕西咸阳西北）人，是徐县县令班彪的小儿子。班超有远大的志向，不注意生活细节，但内在品德孝顺恭谨，在家时常做勤苦的活计，而不以做劳顿卑下的事为耻。他善于辩论言谈，对《书》《传》也有涉猎。汉明帝永平五年，班超的哥哥班固被召为校书郎，班超与母亲随哥哥班固到洛阳。因为家庭贫困，他经常为官府抄书，补贴家用，工作十分辛苦。有一次他扔开笔感叹说："大丈夫没有其他的志向谋略，应当像傅介子和张骞那样在异国建功，封侯扬名，哪能一直在毛笔、砚台间谋事呢！"旁边的人听了都笑话他，班超说："你们这些人哪里知道壮士的志向！"后来班超遇到一个相面的人，相面的人说："先生，你现今是普通的老百姓，但会在万里之外封侯。"班超又问具体有什么表现，相面者指着他说："你的下巴像燕子，额头像老虎，这就是在万里之外建功封侯的相貌啊。"投笔从戎后，班超和窦固一起进攻北匈奴贵族，而后奉命率吏士36人赴西域，巩固了汉朝在西域的统治，保护了西域各族的安全以及"丝绸之路"的畅通。

二 志存高远

①

学者大要立志。所谓志者，不道将这些意气去盖他人，只是直截要学尧舜。"孟子道性善，言必称尧舜"，此是真实道理。……学者立志，须教勇猛，自当有进。志不足以有为，此学者之大病。

——《朱子语类》卷八

解字说文

解字 盖：胜过，超出。直截：直接。

说文 学者一定要立志。所谓的"志"，并非是以意气超出、压过他人，而是直接去学习尧舜。"孟子说人性本善，宣讲时必定会赞颂尧舜"，这就是真实的道理。……学者确立志向，应当有勇猛的精神，这样自然会有所增进。志向不足以有所作为，这是学者的大毛病。

②

人之学为圣人也，非有必为圣人之志，虽欲为学，谁为学？有其志矣，而不日用其力以为之，虽欲立志，亦乌在其为志乎！故立志者，为学之心也；为学者，立志之事也。

——《王阳明全集》卷八《书朱守谐卷》

🍀 解字说文

说文 人们学习以成为圣人，如果没有必为圣人的志向，就算想去学习，又去学习什么人呢？有了志向，却不每天努力去实现，就算要立志，这个志又怎能称为志向！因此，立志是为学的核心，为学是立志的实际行动。

③

为人之道，志必欲高，而脚必欲低，两者不可任失其一。志欲高者，不眤于世间荣华，而尝存乎远大，不为物引，不为境移，超然万物之表。脚欲低者，审才智之所堪，得自处之善道，尽性安分，循实而行。唯有超然之志，故无出位之思焉。

——《十力语要》

🍀 解字说文

解字 引：牵引。出位：超出本分。

说文 做人的原则，志向必须要高远，而立足一定要踏实，二者缺一不可。志向必须高远，就是不羡慕世间的荣华富贵，而持守高尚的节操，不被外物牵引，不因境遇动摇原则，超越于万物之上。立足一定要踏实，就是考量自己才能的限度，找到立身行事的恰当方式，努力实现自己的天性和本分，基于自己的现实情况行事。唯有确立了超然的志向，才能不超出自己的本分而思考问题。

📖 阅读拓展

陈蕃以扫天下为志

陈蕃，字仲举，汝南平舆人也。祖河东太守。蕃年十五，尝闲处一室，而庭宇芜秽。父友同郡薛勤来候之，谓蕃曰："孺子何不洒扫以待宾客？"蕃曰："大丈夫处世，当扫除天下，安事一室乎？"勤知其有清世志，甚奇之。

——《后汉书·陈蕃传》

大意：

陈蕃，字仲举，汝南平舆（今河南省平舆县）人。祖上曾担任河东太守。陈蕃十五岁那年，曾经独处一室，庭院里杂草丛生，内室也不整洁。他父亲的朋友薛勤来看他，对陈蕃说："年轻人为什么不洒扫庭院以招待客人呢？"陈蕃回答说："大丈夫处于人世间，当以扫清天下为志向，怎能局限于一室呢？"薛勤由此了解到陈蕃有使世道澄清的志向，非常惊奇。陈蕃是东汉末年的著名人物，他为人刚毅耿直，嫉恶如仇，在桓帝、灵帝时作为汉室重臣与外戚、宦官等针锋相对，最后在宦官篡权的政变中捐躯殉国。

③ 矢志不移

①

子曰："士志于道，而耻恶衣恶食者，未足与议也。"

——《论语·里仁》

📖 解字说文

说文 孔子说："士人有志于道，但又以自己穿破旧的衣服、吃粗劣的食物为耻辱，这种人是不值得与他讨论道的。"

②

叶公问孔子于子路，子路不对。子曰："女奚不曰，其为人也，发愤忘食，乐以忘忧，不知老之将至云尔。"

——《论语·述而》

解字说文

解字 女：同"汝"。奚：什么，何。

说文 叶（shè）公问子路孔子是什么样的人，子路不回答。孔子对子路说："你为什么不这样讲：他的为人是这样的，发奋学习时忘了吃饭，安贫乐道时忘了忧愁，不晓得衰老将要到来，如此而已。"

③

曾子曰："士不可以不弘毅，任重而道远。仁以为己任，不亦重乎？死而后已，不亦远乎？"

——《论语·泰伯》

解字说文

解字 弘毅：博大坚忍。

说文 曾子说："士人不可以不博大坚忍，因为他的责任十分重大，路途十分遥远。以践行、弘扬仁德于天下作为自己的责任，不是担子很沉重吗？到死时才会放下这一责任，不是路途很遥远吗？"

④

子曰："三军可夺帅也，匹夫不可夺志也。"

——《论语·子罕》

解字说文

解字 三军：周朝时诸侯大国有中军、上军、下军，统称"三军"，后来又以"三军"为军队的通称。

说文 孔子说："一国的军队可以被夺去主帅，一个普通人却不能强迫他改变志向。"

阅读拓展

1. 精卫填海

发鸠之山。其上多柘木。有鸟焉，其状如乌，文首、白喙、赤足，名曰精卫，其鸣自詨。是炎帝之少女，名曰女娃。女娃游于东海，溺而不返，故为精卫。常衔西山之木石，以堙于东海。

——《山海经·北山经》

大意：

《山海经》记载，在发鸠山上，有一种像乌鸦的鸟，头上有花纹，嘴尖是白色的，爪子是赤色的，叫声像是呼喊自己的名字，这就是精卫鸟。精卫原本是炎帝的小女儿，名叫女娃。她在东海游玩时溺水而死，化而为鸟，从此经常到西山上衔取木头、石块去填埋东海。

2. 精卫

顾炎武

万事有不平，尔何空自苦？

长将一寸身，衔木到终古。

我愿平东海，身沉心不改。

大海无平期，我心无绝时。

呜呼！君不见西山衔木众鸟多，鹊来燕去自称窠。

大意：

人世间总有让人感到愤愤不平之事，你何必如此毫无意义地自讨苦吃呢？不断地用自己不足一寸的身躯，口衔木块向东海投去，一直到天荒地老也不停息。我的志向是填平东海，身子即使沉向大海，也决心不变。只要大海没有被填平，我的心意就永远不会中绝。哎呀！到西山衔木块的鸟有很多，但燕鹊来来回回都是给自己营造巢穴。

第二单元 明 德

一 以德为本

大学之道，在明明德，在亲民，在止于至善。知止而后有定，定而后能静，静而后能安，安而后能虑，虑而后能得。物有本末，事有终始，知所先后，则近道矣。古之欲明明德于天下者，先治其国；欲治其国者，先齐其家；欲齐其家者，先修其身；欲修其身者，先正其心；欲正其心者，先诚其意；欲诚其意者，先致其知；致知在格物。物格而后知至，知至而后意诚，意诚而后心正，心正而后身修，身修而后家齐，家齐而后国治，国治而后天下平。自天子以至于庶人，壹是皆以修身为本。其本乱而末治者否矣，其所厚者薄，而其所薄者厚，未之有也！

《诗》云："乐只君子，民之父母。"民之所好好之，民之所恶恶之，此之谓民之父母。《诗》云："节彼南山，维石岩岩。赫赫师尹，民具尔瞻。"有国者不可以不慎，辟则为天下僇矣。《诗》云："殷之未丧师，克配上帝。仪监于殷，峻命不易。"道得众则得国，失众则失国。是故君子先慎乎德。有德此有人，有人此有土，有土此有财，有财此有用。德者本也，财者末也。外本内末，争民施夺。是故财聚则民散，财散则民聚。是故言悖而出者，亦悖而入；货悖而入者，亦悖而出。《康诰》曰："惟命不于常。"道善则得之，不善则失之。

——《大学》

解字 明德：光明的德行。亲：同"新"。止于至善：持守至善的原则而不改迁。庶人：平民百姓。壹是：一切。"乐只君子，民之父母"：语出《诗经·小雅·南山有台》。"节彼南山，维石岩岩；赫赫师尹，民具尔瞻"：语出《诗经·小雅·节南山》。辟：同"僻"，偏也。僇：通"戮"，杀戮。"殷之未丧师，克配上帝。仪监于殷，峻命不易"：语出《诗经·大雅·文王》。

说文 "大学"的宗旨在于弘扬光明的德行，在于使百姓弃旧图新，最终达到最完善的境界。知道了人生的目标是达到最完善的境界才能够坚定志向；志向坚定才能够平心静气；平心静气才能够心安理得；心安理得才能够思虑长远；思虑长远才能够有所收获。每样东西都有根本和枝末，每件事情都有开始和终结，知晓了事物发展的先后顺序，就接近把握住根本的原则了。古代将光明的德行弘扬于天下的人，先要治理好自己的国家；要治理好自己的国家，先要管理好自己的家庭；要管理好自己的家庭，先要修养自身的德行；要想修养自身的德行，先要端正自己的心念；要端正自己的心念，先要使自己的意志真诚；要使自己的意志真诚，先要对最根本的原则有所了解；了解根本原则的方式在于探究事物的道理。

明白了万事万物的道理，就自然会了解最根本的原则；了解了最根本的原则，意志才能够真诚；意志真诚后心念才能够端正；心念端正后才可以养成良好的德行；养成良好的德行才能够管理好家庭；管理好家庭才能治理好国家；治理好国家才能令天下太平。上自天子，下至平民百姓，都要以养成良好的德行为根本。作为根本的德行被扰乱了，却还能治理好家庭、国家和天下是不可能的。本应重视的事情却轻视它，本应轻视的事情却重视它，（这样想做好事情）也是不可能的。

《诗经》说："快乐的君子，真是人民的父母官。"老百姓喜欢的就是他喜欢的，老百姓厌恶的就是他厌恶的，这样的君子就可以说是老百姓的父母官了。《诗经》说："高大的南山啊，岩石高耸伟岸，显赫的太师尹，老百姓都在看着你。"统治国家的人不可不谨慎，出现差错，就会被天下人推翻。《诗经》说："殷朝未丧失政权的时候，能够与天命相匹配。应当借鉴殷朝灭亡的教训，意识到顺应天命十分不容易。"这就是说，治国的方式顺应民心就能得到国家，失去民心就会失去国家。所以，君子首先注重修养德行。有德行才会被人拥护，有人拥护才能保有国土，有国土才会有财富，有财富才能有器用。德行是根本，财富是枝末，如果把根本当成了外在的东西，把枝末当成了内在的根本，那就会与人民争夺利益。所以，国家聚敛财货，民心就会散离；国家散财于民，民心就会凝聚。这正如说话不讲道理的人，别人也会用不讲道理的话来回应他；财货的获取途径不正当，也必定会以不正当的方式被剥夺。《康诰》说："天命不是固定不变的。"这就是说，行善便可以承受天命，不行善便会失去天命。

🔖 阅读拓展

原宪清约自守

原宪居鲁，环堵之室，茨以生草，蓬户不完，桑以为枢而瓮牖，二室，褐以为塞，上漏下湿，匡坐而弦歌。子贡乘大马，中绀而表素，轩车不容巷，往见原宪。原宪华冠徙履，杖藜而应门。子贡曰："嘻！先生何病？"原宪应之曰："宪闻之，无财谓之贫，学而不能行谓之病。今宪贫也，非病也。"子贡逡巡而有愧色。原宪笑曰："夫希世而行，比周而友，学以为人，教以为己，仁义之慝，舆马之饰，宪不忍为也。"

——《庄子·让王》

大意：

原宪，字子思，是孔门七十二贤之一。他出身贫寒，个性狷介，一生安贫乐道，不屑与世俗合流。子贡，复姓端木，名赐，字子贡，也是孔门七十二贤之一。子贡头脑精明灵活，在政治、商业方面有十分杰出的才能。原宪在鲁国居住时，住在狭小破败的屋子里，房顶上盖着刚割来的茅草，蓬草编成的门四处透风，折断桑条作为门轴，用破瓮做窗隔出两个居室，再用粗布衣堵在瓮口上，地下潮湿；但他依然坐得端端正正，弹着琴唱歌。子贡骑着高头大马，穿着漂亮的衣服，带着众多随从前来探访。见到原宪戴着树皮冠拄着木杖来开门，感叹道："您怎么病成这样！"原宪回答道："我听说没有钱财叫做贫，学到夫子的学问而不能加以施行才叫做病。我原宪如今不过是没有钱而贫罢了，而不是不实践老师之道的病。"子贡听了面露惭愧之色。原宪笑着说："追逐俗好，结党营私，为了比附他人而学习，为了私利而教导别人，隐匿了仁义之心却以车马装饰面子，这些行为都是我不忍心做的。"

二 立德之方

①

见善，修然必以自存也，见不善，愀然必以自省也。善在身，介然必以自好也；不善在身，菑然必以自恶也。故非我而当者，吾师也；是我而当者，吾友也；谄谀我者，吾贼也。故君子隆师而亲友，以致恶其贼。好善无厌，受谏而能诫，虽欲无进，得乎哉？小人反是，致乱而恶人之非己也，致不肖而欲人之贤己也，心如虎狼，行如禽兽，而又恶人之贼己也。谄谀者亲，谏争者疏，修正为笑，至忠为贼，虽欲无灭亡，得乎哉？《诗》曰："噏喑喑呰呰，亦孔之哀。谋之其臧，则具是违；谋之不臧，则具是依。"此之谓也。

——《荀子·修身》

解字说文

解字 修然：整饬的样子。愀然：容色改变貌。介然：专一，坚定不移。畜然："畜"通"缁"，浑浊的样子。"喑喑呰呰，亦孔之哀。谋之其臧，则具是违；谋之不臧，则具是依"：语出《诗经·小雅·小旻》。

说文 见到善的行为，一定一丝不苟地努力做到；见到不善的行为，一定谨慎戒惧地反省自己是否有类似的毛病。对自己所具有的良好品行，一定坚定不移地持守；对于自己的不良品行，一定以之为污点而深刻自责。因此恰当地指责我的人，就是我的老师；恰当地认可我的人，就是我的朋友；阿谀奉承我的人，就是害我的贼人。因此，君子尊崇老师、亲近朋友，而极端憎恶那些阿谀奉承他的贼人。爱好美好的品行而不满足，受到劝告就谨慎戒惧，这种人不进步是不可能的。小人则与此相反，自己极其昏乱，却还憎恨别人的责备；自己极其无能，却要别人说自己贤能；心地像虎、狼那样残暴，行为像禽兽那样无礼，却又憎恨别人把自己当作贼人；阿谀奉承的人就会被亲近，规劝他改正错误的人就会被疏远，善良正直的话被当成讥讽，忠诚的行为被当成一种戕害，这样的人不灭亡是不可能的。《诗》云："那些党同伐异的人十分可悲，对于良好的谋略他们都反对，对于不好的谋略他们反倒会施行。"就是说的这种人。

②

志意修则骄富贵，道义重则轻王公；内省而外物轻矣。传曰："君子役物，小人役于物。"此之谓矣。身劳而心安，为之；利少而义多，为之；事乱君而通，不如事穷君而顺焉。故良农不为水旱不耕，良贾不为折阅不市，士君子不为贫穷怠乎道。

——《荀子·修身》

解字说文

解字　折阅：商品减价。

说文　人能持守志向就能傲视富贵的人，把道义看得重就能藐视王公诸侯。如果一个人注重内在反省，就会把身外之物看得轻了。古书上说："君子支配身外之物，小人被外物支配。"说的就是这个道理。身体劳累而心安理得的事，就去做；利益少而道义多的事，就去做；侍奉昏乱的君主而通达，不如侍奉陷于困境的君主而践行道义。所以，合格的农夫不会因为遭到水灾、旱灾就不耕种，优秀的商人不会因为亏损而不做买卖，士君子不会因为贫穷困厄而怠慢践行道义。

阅读拓展

王昶戒子修身

夫人为子之道，莫大于宝身、全行、以显父母。此三者人知其善，而或危身破家，陷于灭亡之祸者，何也？由所祖习非其道也。夫孝敬仁义，百行之首，行之而立，身之本也。孝敬则宗族安之，仁义则乡党重之，此行成于内，名著于外者矣。人若不笃于至行，而背本逐末，以陷浮华焉，以成朋党焉；浮华则有虚伪之累，朋党则有彼此之患。此二者之戒，昭然著明，而循覆车滋众，逐末弥甚，皆由惑当时之誉，昧目前之利故也。夫富贵声名，人情所乐，而君子或得而不处，何也？恶不由其道耳。患人知进而不知退，知欲而不知足，故有困辱之累，悔吝之咎。语曰："如不知足，则失所欲。"故知足之足常足矣。

……

昔伏波将军马援戒其兄子，言："闻人之恶，当如闻父母之名；耳可得而闻，口不可得而言也。"斯戒至矣。人或毁己，当退而求之于身。若己有可毁之行，则彼言当矣；若己无可毁之行，则彼言枉矣。当则无怨于彼，妄则无害于身，又何反报焉？且闻人毁己者而忿者，恶丑声之加人也，人报者滋甚，不如默而自修己也。谚曰："救寒莫如重裘，止谤莫如自修。"斯言信矣。

——《三国志·魏书·王昶传》

大意：

作为儿子的道理，没有比保全身体、品行完美、显扬父母的美名更为重要的了。人人都知道做到这三方面是好事，然而仍然有人家破人亡，陷入灭门之祸，这是为什么？原因在于这些人的行为习惯不合乎道义。孝、敬、仁、义，是人一切行为最重要的原则。依照孝、敬、仁、义的原则做事，这是立身之本。做到孝敬，那么家族内部就安乐；做到了仁义，那么你所居住的乡村或社区的人都会看重你，这是品行成就于内心世界，而良好的社会声誉流播于外部社会了。一个人如果不踏实实践美德，背离了做人的根本而去追逐外在的财富，这样就会结党营私；华而不实一定会有虚伪的负担，结党就会有彼此对立的祸患。这两方面的问题是非常明显的，而重蹈覆辙的人越来越多，向外追逐身外之物的情形愈发严重，这都是由迷惑于眼前的名声，昧于当前利益的原因造成的。拥有富贵名声是人的自然天性所喜欢的，而君子有时得到富贵名声却不要，这是为什么呢？因为厌恶富贵名声不合乎道义。担心人只知进取而不知退守，知道欲望要求而不知满足，所以才会遭受困顿羞辱，才会有后悔、患得患失的过错。俗话说："如果不知道满足，就会失去自己想要得到的东西。"因此，知道满足才会经常得到满足。

昔日，伏波将军马援告诫他哥哥的儿子说："听到别人过错，就如听到父母的名讳，耳朵可以听，但嘴巴不能说。"这个告诫是至理啊。有人批评自己，此时应当退让一步，从自己身上找原因。如果自己有可以批评的地方，对方的批评就是恰当的。如果自己没有可批评之处，对方的言论就是错误的。对方批评得正确时不能怨恨对方，对方批评得错误对自己也没有害处，又何必报复对方呢？况且听到别人批评自己就发怒，是因为厌恶被人加以丑恶的名声，别人报复会更强烈，不如沉默而加强自我修养。俗谚说："抗击寒冷没有比厚厚的裘衣更好的，让别人停止毁谤没有比加强自我修养更有效的了。"这话是可信的。

三 止于至善

①

为人君，止于仁；为人臣，止于敬；为人子，止于孝；为人父，止于慈；与国人交，止于信。

——《大学》

解字说文

说文 做国君的就要尽力施行仁政，做臣子的就要尽力尊敬君主，做儿子的就要尽力孝顺父母，做父亲的就要尽力对子女慈爱，和国人交往就要尽力对人诚实。

②

孟子曰："君子所以异于人者，以其存心也。君子以仁存心，以礼存心。仁者爱人，有礼者敬人。爱人者，人恒爱之；敬人者，人恒敬之。有人于此，其待我以横逆，则君子必自反也：我必不仁也，必无礼也，此物奚宜至哉！其自反而仁矣，自反而有礼矣，其横逆由是也，君子必自反也：我必不忠。自反而忠矣，其横逆由是也，君子曰：'此亦妄人也已矣！如此则与禽兽奚择哉！于禽兽又何难焉！'是故君子有终身之忧，无一朝之患也。乃若所忧则有之：舜，人也，我，亦人也；舜为法于天下，可传于后世，我由未免为乡人也：是则可忧也。忧之如何？如舜而已矣。若夫君子所患则亡矣。非仁无为也，非礼无行也。如有一朝之患，则君子不患矣。"

——《孟子·离娄下》

🙋 解字说文

解字 存心：持守本心。自反：自省。择：区别。难：责难。乡人：乡野之人，代指普通人。亡：通"无"。

说文 孟子说："君子与一般人不同的地方，在于其能够持守本心。君子践行仁和礼的原则以持守本心。有仁德的人会关爱别人，有礼的人会尊敬别人。关爱别人的人，总会受到别人的关爱；尊敬别人的人，总会受到别人的尊敬。假定这里有个人，他对我蛮横无理，如果我是君子就会反躬自省：我一定是没有做到仁，一定有礼节不周全的地方，不然，怎么会发生这种事呢？反躬自省之后，我确实做到了仁义，确实礼节周全了，那人却依然蛮横无理，君子一定又反躬自省：我一定没有做到忠。反躬自省之后，我确实做到了忠，那人还是蛮横无理，君子就会说："这个人不过是个狂妄的人罢了，既然如此，他同禽兽又有什么区别呢？我对禽兽又有什么可责备的地方呢？"所以君子有终生的忧虑，却不担心一时偶然发生的祸患。君子终身所忧：大舜是个人，我也是个人；大舜成为天下人的楷模，德行传颂后世，我却仍然不免是一个普通人，这真是值得忧愁的事。忧愁了又该怎样做呢？像舜那样修养自己就可以了。这样一来，对君子来说，祸患就没有了。不合仁义的事不做，不合礼节的事也不做。即便有了突如其来的祸患，君子也不以为是祸患了。"

🙋 阅读拓展

曾子易箦

曾子寝疾，病。乐正子春坐于床下，曾元、曾申坐于足，童子隅坐而执烛。童子曰："华而睆，大夫之箦与？"子春曰："止！"曾子闻之，瞿然曰："呼！"曰："华而睆，大夫之箦与？"曾子曰："然，斯季孙之赐也，我未之能易也。元，起易箦。"曾元曰："夫子之病革矣，不可以变，幸而至于旦，请敬易之。"曾子曰："尔之爱我也不如彼。君子之爱人也以德，细人之爱人也以姑息。吾何求哉？吾得正而毙焉斯已矣。"举扶而易之。反席未安而没。

——《礼记·檀弓上》

大意：

　　曾子卧病不起，病情严重。他的学生乐正子春坐在床的下首，他的儿子曾元、曾申坐在他的脚边，一个少年童仆手执烛火坐在墙角。童仆说："又华丽，又光亮，这是大夫用的竹席吧？"子春说："不要说！"他听到他们的话，显出吃惊的样子说："说！"那童仆又说了一遍："又华丽，又光亮，这是大夫用的竹席吧？"曾子说："是啊！这是季孙大夫赏赐我的，我因病没能将它换下来。元，扶起我来，换下这张席子。"曾元说："您的病情很重，不可以挪动身子。希望能等到天明，再让我们为您换下席子。"曾子说："你对我的爱护，还不如那位童仆。君子爱护人，就用德行来要求他；小人爱护人，只是让他获得一时的安逸。我还会有什么要求呢？我只有合乎礼仪地死去，心里才满足啊！"于是，曾元扶着抬起曾子的身体，更换竹席。曾子最终被扶回换过的席子上，还没躺好就死了。

第三单元 自 强

一 自强自立

①

子路问强。子曰："南方之强与？北方之强与？抑而强与？宽柔以教，不报无道，南方之强也，君子居之。衽金革，死而不厌，北方之强也，而强者居之。故君子和而不流，强哉矫！中立而不倚，强哉矫！国有道，不变塞焉，强哉矫！国无道，至死不变，强哉矫！"

——《中庸》

🔖 解字说文

解字 而：通"尔"，你。衽：以……为席。金革：兵器和甲胄。厌：满足。矫：强壮、勇武。塞：未做官。

说文 子路问什么是刚强。孔子说："你指的是南方人理解的刚强呢，还是北方人理解的刚强呢，还是你自己理解的刚强呢？用宽容柔顺的精神去教化人，被别人蛮横无礼地对待也不会用同样的方式去报复，这是南方人理解的刚强，是君子所持守的。把兵器和甲胄当作枕席，即使死了也不后悔，这是北方人理解的刚强，是勇武好斗的人所持守的。所以，君子随和而不随波逐流，这才是真正的刚强啊！持守正道而不依附任何权势，这才是真正的刚强啊！国家政治清明时不改变自己未做官时的志向，这才是真正的刚强啊！国家政治混乱，宁死不改变自己的操守，这才是真正的刚强啊！"

②

舜发于畎亩之中，傅说举于版筑之间，胶鬲举于鱼盐之中，管夷吾举于士，孙叔敖举于海，百里奚举于市。故天将降大任于斯人也，必先苦其心志，劳其筋骨，饿其体肤，空乏其身，行拂乱其所为，所以动心忍性，曾益其所不能。人恒过，然后能改；困于心，衡于虑，而后作；徵于色，发于声，而后喻。入则无法家拂士，出则无敌国外患者，国恒亡。然后知生于忧患，而死于安乐也。

——《孟子·告子下》

解字说文

解字 畎亩：田野。傅说：商朝著名贤臣，商王武丁的相。胶鬲：商纣王的大臣。

说文 "舜兴起于田野之中，傅说从修筑城墙的苦役中被举荐出来，胶鬲从贩卖鱼盐的商贩中被举荐出来，管仲被从狱官的手里释放而被举荐出来，孙叔敖从海边被举荐出来，百里奚被从市场上待售的奴隶中举荐出来。所以上天将要赋予某人重大的任务，一定要先让他的心意苦恼，让他的筋骨劳累，让他的身体饥饿，让他的形迹穷困，让他的行为总不能顺利，这样以提振他的天赋的本性，增强他的能力。一个人经常有过错，然后才能改正；内心困顿，思虑滞塞，才能奋发；面色有所表现，言语有所表达，才能被人理解。国内没有有法度的大臣和足以辅弱国君的士人，国外没有与之抗衡的邻国和持久的威胁，这样的国家常常会灭亡。这样，就让人们明白了，常存忧患才能生存，贪图安逸和快乐就会灭亡。

③

有至道，弗学，不知其善也。故学然后知不足，教然后知困。知不足，然后能自反也；知困，然后能自强也。

——《礼记·学记》

解字说文

解字 困：困惑。

说文 即便有至高无上的道理，如果我们不去学习和体会，仍然不能理解它的好处。因此，只有通过学习、体会道理，我们才能认识到自身的毛病和不足。唯有通过教育，我们才能知道自己困惑的原因是什么。知道自己的不足之处，我们才能进一步反省；知道自己困惑的原因，我们才能自强有为。

阅读拓展

越王勾践卧薪尝胆

勾践之困会稽也，喟然叹曰："吾终于此乎？"种曰："汤系夏台，文王囚羑里，晋重耳奔翟，齐小白奔莒，其卒王霸。由是观之，何遽不为福乎？"

吴既赦越，越王勾践反国，乃苦身焦思，置胆于坐，坐卧即仰胆，饮食亦尝胆也。曰："女忘会稽之耻邪？"身自耕作，夫人自织，食不加肉，衣不重采，折节下贤人，厚遇宾客，振贫吊死，与百姓同其劳。欲使范蠡治国政，蠡对曰："兵甲之事，种不如蠡；填抚国家，亲附百姓，蠡不如种。"于是举国政属大夫种，而使范蠡与大夫柘稽行成，为质于吴。二岁而吴归蠡。 ——《史记·越王勾践世家》

大意：

越王勾践被吴国的军队围困在会稽，他十分感慨地说："我将在此了结自己的一生吗？"大夫文种说："商汤被囚禁于夏台，周文王被困在羑里，晋文公重耳逃到翟，齐桓公小白曾经逃到莒，他们最终都能称王称霸于天下。从这些人的经验来看，我们今日的处境何尝不可能转化为福分呢？"

吴王赦免了越王勾践，勾践回国后，深思熟虑，苦心经营，把苦胆挂到座位上，不管坐卧都仰头尝尝苦胆，吃饭喝水的时候也经常尝尝苦胆；他还对自己说："你忘记会稽的耻辱了吗？"他亲自耕作，夫人亲手织布，吃饭从不添加肉，也从不穿华丽的衣服。他自降身份礼遇有才能的人，招待宾客热情诚恳，救济穷人，悼慰死者，与百姓共同劳作。越王想让大夫范蠡管理国家政务，范蠡回答说："用兵打仗之类的事情，文种不如我；安定国家，让百姓亲近归附，我不如文种。"于是把国家政务委托给大夫种，让范蠡和大夫柘稽到吴国作人质，向吴国求和。两年后，吴国才让范蠡回国。

小知识 勾践（约前520–前465），春秋末年越国国君，姓姒，越氏，名勾践。在与吴国争霸的过程中，勾践曾兵败于吴，被迫至吴国充当人质，臣事吴王夫差。吴国放勾践归越国后，他卧薪尝胆，重用范蠡、文种等贤臣，暗中积蓄国力以图雪耻。公元前482年，趁吴王夫差参加黄池之会，吴国防守虚空之际，勾践乘虚而入，大败吴师，迫使吴王夫差与越国议和并最终自尽。勾践遂灭吴称霸，成为春秋时代一位霸主。

小知识 范蠡（前536–前448），字少伯，春秋时期楚国宛地三户邑（今河南南阳市淅川）人，春秋末著名的政治家、商人。范蠡出身贫贱，但博学多才，与楚宛令文种交好，因不满当时楚国政治黑暗，二人一起投奔越国，辅佐越国勾践兴越灭吴。传说范蠡在功成名就之后化名为鸱夷子皮，西出姑苏，泛舟五湖，三次经商成巨富，又三次散家财，自号陶朱公。后代许多经商者供奉范蠡的塑像，尊其为"财神"。

二 刚健有为

①

儒有可亲而不可劫也，可近而不可迫也，可杀而不可辱也；其居处不淫，其饮食不溽；其过失可微辨而不可面数也：其刚毅有如此者。

儒有忠信以为甲胄，礼义以为干橹；戴仁而行，抱义而处，虽有暴政，不更其所：其自立有如此者。

儒有一亩之宫，环堵之室，筚门圭窬，蓬户瓮牖；易衣而出，并日而食，上答之不敢以疑，上不答不敢以谄：其仕有如此者。

儒有今人与居，古人与稽；今世行之，后世以为楷；适弗逢世，上弗援，下弗推。谗谄之民有比党而危之者，身可危也，而志不可夺也，虽危起居，竟信其志，犹将不忘百姓之病也：其忧思有如此者。

——《礼记·儒行》

解字说文

解字 劫：胁持。溽：味道浓厚。面数：当面责备。干橹：小盾和大盾。筚门圭窬：竹木条编成的门和像圭玉一样的小门。蓬户瓮牖：蓬草编成的门和像瓮口一样的窗户。并日而食：两三天才吃一天的饭。援：攀引。

说文 儒者可以亲和而不可胁持，可接近而不可逼迫，可杀害而不可羞辱；起居不务奢靡，饮食不贪美味，有了过失可以小心地辨析而不能当面斥责：儒者的刚毅就是这样。

儒者把忠信当作盔甲，把礼义当作盾牌；尊崇仁的原则而行动，持守着义的原则以成事；即便有暴虐的政令，也不改变自己立身的原则：儒者的自立就是这样。

儒者有一亩地大的宅院，一丈见方的居室；门是用竹木条编成，又在院墙上挖出上尖下方其形如圭的小旁门，用蓬草编成屋门，用破瓮做成窗户，家中只有一套像样的衣服，谁出门谁换上，两三天才能吃到一天的饭；国君起用自己，当竭尽其诚，不存二心；国君不起用自己，也不会讨好、谄媚国君以求被用：儒者对仕的态度就是这样。

儒者与同时代的人一起生活，与古人的志向相合；言行施见于其所处的时代，而被后世奉为楷模；生于不能践行其主张的时代，不攀附君主，不推诿责任；即便被那些造谣谄媚、结党营私的人逼至危险的境地，生命可以有危险，志向却不能被剥夺；即便起居行事处于危险之中，都要伸张自己的志向，仍然会忧虑百姓的苦难：儒者的忧思就是这样。

②

体恭敬而心忠信，术礼义而情爱人；横行天下，虽困四夷，人莫不贵。劳苦之事则争先，饶乐之事则能让，端悫诚信，拘守而详；横行天下，虽困四夷，人莫不任。

——《荀子·修身》

解字说文

解字 端悫：端正朴实。

说文 行为恭敬而内心忠信，遵循礼义而性情仁爱，这样的人走遍天下，即使困厄于边远地区，人们也没有不敬重他的；劳累辛苦的事就抢先去做，安逸享乐的事却能让给别人，端正朴实，诚实守信，持守原则，举止安详，这样的人走遍天下，即使困厄于边远地区，人们也没有不信任他的。

阅读拓展

祖逖闻鸡起舞

（祖逖）与司空刘琨俱为司州主簿，情好绸缪，共被同寝，中夜闻荒鸡鸣，蹴琨觉曰："此非恶声也。"因起舞。逖、琨并有英气，每语世事，或中宵起坐，相谓曰："若四海鼎沸，豪杰并起，吾与足下当相避于中原耳。"

——《晋书·祖逖传》

大意：

祖逖与司空刘琨同为司州主簿，两人感情很好，共用一床被子睡觉，半夜，祖逖听到荒野的鸡叫，就用脚踢刘琨，把他叫醒说："这不是坏声音。"两人于是起床，演习武艺。祖逖与刘琨都有英雄气概，每当谈论世事，有时会半夜起床而坐，对对方说："如果将来天下大乱，四方豪杰同时并起，你我二人在中原逐鹿时应该相互避开对方。"

小知识 祖逖（266－321），字士稚，范阳遒县（今河北涞水）人，东晋名将。祖逖生性豁达，不拘小节，轻财重义，少时即慷慨有志节。西晋末年，祖逖率亲朋好友避乱于江淮，后以奋威将军、豫州刺史身份率军北伐，数年间收复黄河以南大片土地，使得后赵不敢南侵。建兴元年（313年），祖逖率先前随他南下的宗族部曲百余家，从京口渡江北伐，船行至中流，他敲击船楫慷慨立誓："祖逖不能清中原而复济者，有如大江！"

三 垂范后世

①

太上有立德，其次有立功，其次有立言，虽久不废，此之谓三不朽。

——《左传·襄公二十四年》

解字说文

解字 太上：最高层次。

说文 最高的是树立德行，其次是建功立业，再次是著书立说，即便经过了很长时间都不被废弃遗忘，这就是三种不朽。

②

子曰："大哉！尧之为君也。巍巍乎！唯天为大，唯尧则之。荡荡乎！民无能名焉。巍巍乎其有成功也，焕乎其有文章。"

——《论语·泰伯》

解字说文

解字 巍巍：高大的样子。则：效法。荡荡：广大的样子。焕：光明的样子。

说文 孔子说："尧作为天子真是伟大啊！天是最高大的，只有尧能效法天。他的恩惠真是广博呀！让人不知道如何去称赞他。崇高啊，他的功业！光辉灿烂啊，他所制定的礼仪典章！"

③

子曰："禹，吾无间然矣。菲饮食而致孝乎鬼神，恶衣服而致美乎黻冕，卑宫室而尽力乎沟洫。禹，吾无间然矣。"

——《论语·泰伯》

解字说文

解字 黻冕：古代祭祀时穿的衣服。

说文 孔子说："禹，我对他没有什么可批评的。他自己吃得很简陋，却把给鬼神的祭品置办得极为丰盛；自己穿得很朴素，却把祭祀时穿的礼服做得很华美；自己住的宫室很狭小，却竭尽所能修建农田水利。禹，我对他没有什么可批评的。"

④

子贡曰："见其礼而知其政，闻其乐而知其德；由百世之后，等百世之王，莫之能违也。自生民以来，未有夫子也。"有若曰："岂惟民哉！麒麟之于走兽，凤凰之于飞鸟，泰山之于丘垤，河海之于行潦，类也。圣人之于民，亦类也。出于其类，拔乎其萃。自生民以来，未有盛于孔子也！"

——《孟子·公孙丑上》

解字说文

解字 丘垤：小山丘，小土堆。行潦：道路上的积水。

说文 子贡说："见到一国的礼仪制度，就能知晓这个国家的政治情况；听到一国的音乐，就能知晓这个国家的道德教化情况。即使从百代之后去评价历代的君王，任何君王也不能背离孔子之道。自从有人类以来，没有人能比得上他老人家的！"有若说："难道仅仅人类有高下不同吗？麒麟对于走兽，凤凰对于飞鸟，泰山对于土堆，河海对于路上的积水，都是同类的事物。圣人对于百姓，也是同类，但圣人处于人这一类，却远远高于他的同类。自从有人类出现以来，没有人比孔子更伟大啊！"

阅读拓展

周公"一沐三握发，一饭三吐哺"

周公践天子之位七年，布衣之士所执贽而师见者十人。所友见者十二人，穷巷白屋所先见者四十九人，时进善者百人，教士者千人，官朝者万人。……成王封伯禽于鲁，周公诫之曰："往矣！子其无以鲁国骄士。吾文王之子，武王之弟，成王之叔父也，又相天子，吾于天下亦不轻矣。然一沐三握发，一饭三吐哺，犹恐失天下之士。吾闻德行宽裕，守之以恭者，荣。土地广大，守之以俭者，安。禄位尊盛，守之以卑者，贵。人众兵强，守之以畏者，胜。聪明睿智，守之以愚者，哲。博文强记，守之以浅者，智。夫此六者，皆谦德也。夫贵为天子，富有四海，由此德也。"

——《韩诗外传》卷三

大意：

周武王去世后，周公代替幼年的成王践行天子的职责七年，携带礼物以对待老师之礼来见的平民有十人，以朋友之礼相见的有十二人，经人介绍而接见的住在穷巷茅屋中的有四十九人，时常进良策者百人，会见教士千人，在朝堂会见官员万人。……后来周成王将周公的儿子伯禽封到鲁国，周公在伯禽临行前谆谆教诲，说："你到了鲁国，一定不要以鲁国国君之尊傲慢地对待士人。我身为文王的儿子、武王的弟弟、成王的叔父，又作为宰相辅佐天子治理天下，对天下人而言，我的身份也不算轻了。然而我洗一次头要握干好几回头发，吃一次饭要好几次把嘴中的食物吐出，就是为了接见士人，唯恐失去天下士人之心。我听说品德行为宽厚从容，并且能够待人恭敬之人就有荣誉。拥有广大国土的人，能够以勤俭的德行保有国土，他和国家就会得到安定。爵位高、俸禄丰厚的人，能够以谦卑的态度处事，就能保持尊贵的地位。拥有很多的追随者和战士，而能够存有敬畏之心的人，就可以在战争中获胜。耳聪目明、头脑灵活、思想深刻的人，能够老老实实做人做事，就是有智慧的。通晓礼仪规章和各种知识，而不故作高深的人，就是聪明有见识的。上面说的这六项都是谦逊的德行，这也是有天子之尊、掌握天下的人应有的德行。"

【后人将周公"一沐三握发，一饭三吐哺"的故事总结为"握沐吐飧"的成语；曹操在他的名篇《短歌行》中有名句云："山不厌高，水不厌深，周公吐哺，天下归心"，可谓对周公谦恭品格的最好诠释。】

第四单元 孝悌

一 人之行，莫大于孝

①

仲尼居，曾子侍。子曰："先王有至德要道，以训天下，民用和睦，上下无怨。汝知之乎？"曾子避席曰："参不敏，何足以知之？"子曰："夫孝，德之本也，教之所由生也。复坐，吾语汝。身体发肤，受之父母，不敢毁伤，孝之始也。立身行道，扬名于后世，以显父母，孝之终也。夫孝，始于事亲，中于事君，终于立身。《大雅》云：'无念尔祖，聿修厥德。'"

——《孝经·开明宗义》

解字说文

解字 用：因而。避席：古代的一种礼节。席，铺在地上的草席，这里指自己的座位。无念尔祖，聿修厥德：语出《诗经·大雅·文王》。无：语助词，无实义。无念：念也。聿：发语助词。厥：代词，在这里代指祖先。

说文　孔子在家中闲坐，曾参在一旁陪伴着他。孔子说："古代的圣帝贤王，有一种至高无上的德行和道理，以其训教天下，百姓和和睦睦，上上下下没有怨恨和不满，你知道这是什么吗？

曾子起身离席对孔子说："学生生性驽钝，不够聪明，哪里能够知晓这个道理呢。"

孔子说："那就是孝啊！孝是一切美好德行的根本，所有的教养都是由孝行派生出来的。你回到原座位上去，我细细讲给你听。一个人的身体、四肢、毛发、皮肤，都是从父母那里得来的，要爱惜自己的身体，不敢稍有毁伤而让父母担心，这是孝的开始。一个人做到了自立修身、践行道义，他的名声会流传于后世，后人追本溯源，会称颂他父母善于教养的美德，这是孝道的完成。所以说，侍奉父母是孝的开始阶段；服务君主是孝的中间阶段；孝的最高境界是成为有德行的人。《诗经》里说：'怎么能不怀念你的先祖呢？要继承和发扬你先祖的美德啊！'"

②

子曰："夫孝，天之经也，地之义也，民之行也。天地之经，而民是则之。则天之明，因地之利，以顺天下。是以其教不肃而成，其政不严而治。先王见教之可以化民也，是故先之以博爱，而民莫遗其亲，陈之以德义，而民兴行。先之以敬让，而民不争；导之以礼乐，而民和睦；示之以好恶，而民知禁。《诗》云：'赫赫师尹，民具尔瞻。'"

——《孝经·三才》

解字说文

解字　则：效法。赫赫师尹，民具尔瞻：出自《诗经·小雅·节南山》。赫赫，显著盛大的样子。师，指太师。尹，尹氏。尔，你。瞻，仰望。

说文　孔子说："孝道，就像天上日月星辰运行，就像大地上的一切自然生长发育，是每个人的德行所在。天地严格按照它的规律运行，人从中领悟出道理，知应效法天地，践行孝道。效法天上的日月星辰，遵循那不可变易的规律；凭借地上的山川湖泽，获取赖以生存的便利，因势利导治理天下。因此，对百姓的教化，不用采取严厉的手段就可以成功，对百姓的管理，不用采取严酷的方式就可以治理得很好。先王发现通过教育可以感化百姓，所以就率先垂范，博爱众人，因而百姓就没有遗弃其父母的；对百姓陈述道德和仁义，百姓就行动起来，践行德义。先王率先礼敬待人，谦让别人，百姓不会为获得利益、好处而争斗；然后用礼乐引导、教化百姓，百姓就会和睦相处；告诉百姓什么是应当喜好的、什么是应当憎恶的，百姓就能辨别好坏而知禁不犯。《诗经》里说：'声誉显赫的太师尹氏啊，百姓都在注视着你！'"

③

曾子曰："敢问圣人之德，无以加于孝乎？"

子曰："天地之性，人为贵。人之行，莫大于孝。孝莫大于严父。严父莫大于配天，则周公其人也。昔者，周公郊祀后稷以配天，宗祀文王于明堂，以配上帝。是以四海之内，各以其职来祭。夫圣人之德，又何以加于孝乎？故亲生之膝下，以养父母日严。圣人因严以教敬，因亲以教爱。圣人之教，不肃而成，其政不严而治，其所因者本也。父子之道，天性也，君臣之义也。父母生之，续莫大焉。君亲临之，厚莫重焉。故不爱其亲而爱他人者，谓之悖德；不敬其亲而敬他人者，谓之悖礼。以顺则逆，民无则焉。不在于善，而皆在于凶德，虽得之，君子不贵也。

君子则不然，言思可道，行思可乐，德义可尊，作事可法，容止可观，进退可度，以临其民。是以其民畏而爱之，则而象之。故能成其德教，而行其政令。《诗》云：'淑人君子，其仪不忒。'"

——《孝经·圣治》

解字说文

解字 性：指生命，生物。郊祀：古代帝王每年冬至时在国都郊外建圜丘作为祭坛，祭祀天帝。宗祀：聚宗族而祭祀。淑：美好，善良。仪：仪表，仪容。忒：差错。

说文 曾子说："我冒昧地问一句，圣人美好的德行中，有比孝更为重要的吗？"

孔子说："天地产生的万物，人是最为尊贵的。在人所有的德行当中，没有比孝更为伟大的了。在孝道当中，没有什么比尊敬父亲更为重要的了。对父亲的尊敬，没有比在祭天时，附带着祭祀父祖先辈更为重要的了。祭天时以父祖先辈配祀，开始于周公。当初，周公在郊外祭天时，以周人始祖后稷配祀。在明堂祭祀上帝时，以他的父亲周文王配祀上帝。所以四海之内的诸侯都各尽其职，前来助祭。由此可见，圣人的德行，没有什么比孝更为重要的了。子女对父母的敬爱之心，在年幼依偎父母膝下时就产生了，长大成人后，侍奉父母，会对父母更加尊敬。圣人顺着人们尊敬父母的天性来教导人们广敬博爱。圣人教化天下，不需要采取严厉手段就能成功；治理天下，不需要苛刻的措施就能治理得很好。这是因为圣人所遵循的是德行之本——孝。父子的本分，是人的天性，同于君臣的本分。父母生下儿子，使儿子得以上继祖宗，下续子孙，这就是父母对子女的最大恩情。父亲对于儿子，兼具君王和父亲的双重身份，既有为父的亲情，又有为君的尊严，没有任何关系能够超过父子关系的厚重。所以说，不爱自己的父母而去爱别人的父母，这是违背道德的事情；不尊敬自己的父母而去尊敬别人的父母，这是违背礼仪的事情。如果悖德悖礼，以此教化百姓，那么百姓就会无所适从。如果不用善行去教化天下，而是用违背道德的手段统治天下，即使有可能一时得志，君子也不会赞赏。真正的君子就不是那样的了，他们说话的时候要考虑百姓是否认可、支持；他们做事的时候，要考虑行动是否让百姓高兴；他们的道德，要考虑百姓是否尊重；他们的行为举止，要考虑是否让百姓觉得可以成为效法的对象；他们的仪态形貌，要考虑是否能成为百姓的楷模，他们的动静进退，要考虑是否合乎规矩法度。如果君王能够像这样来统领百姓，那么百姓就会敬畏他、爱戴他，就会以他为榜样。这样，他们就能够成就他们的道德教化，使他们的政令畅通无阻。《诗经》里说：'善良的君子，他们最讲礼仪；他们的容貌举止，丝毫没有差错。'"

阅读拓展

亲尝汤药

前汉文帝，名恒，高祖第三子，初封代王。生母薄太后，帝奉养无怠。母常病，三年，帝目不交睫，衣不解带，汤药非口亲尝弗进。仁孝闻天下。

仁孝临天下，巍巍冠百王。

莫庭事贤母，汤药必亲尝。　　——郭居敬《全相二十四孝诗选》

大意：

西汉时候的汉文帝刘恒，是汉高祖的第三个儿子，最初被封为代王，他的母亲是薄太后，他侍奉母亲从来不懈怠。他的母亲曾经卧病三年，他常常目不交睫，衣不解带，侍奉母亲。母亲所服的汤药，他都要亲口尝过后才放心让母亲服用。汉文帝以仁与孝闻名于天下，后人曾经有诗赞曰："仁孝临天下，巍巍冠百王。莫庭事贤母，汤药必亲尝。"

二 兄友弟恭

夫有人民而后有夫妇，有夫妇而后有父子，有父子而后有兄弟，一家之亲，此三而已矣。自兹以往，至于九族，皆本於三亲焉，故於人伦为重者也，不可不笃。

兄弟者，分形连气之人也。方其幼也，父母左提右挈，前襟后裾，食则同案，衣则传服，学则连业，游则共方，虽有悖乱之人，不能不相爱也。及其壮也，各妻其妻，各子其子，虽有笃厚之人，不能不少衰也。娣姒之比兄弟，则疏薄矣。今使疏薄之人，而节量亲厚之恩，犹方底而圆盖，必不合矣。惟友悌深至，不为旁人之所移者免夫！

二亲既殁，兄弟相顾，当如形之与影，声之与响，爱先人之遗体，惜己身之分气，非兄弟何念哉？兄弟之际，异于他人，望深则易怨，地亲则易弭。譬犹居室，一穴则塞之，一隙则涂之，则无颓毁之虑；如雀鼠之不恤，风雨之不防，壁陷楹沦，无可救矣。仆妾之为雀鼠，妻子之为风雨，甚哉！

兄弟不睦，则子侄不爱；子侄不爱，则群从疏薄；群从疏薄，则僮仆为仇敌矣。如此，则行路皆踏其面而蹈其心，谁救之哉？人或交天下之士皆有欢爱而失敬于兄者，何其能多而不能少也；人或将数万之师得其死力而失恩于弟者，何其能疏而不能亲也！

——颜之推《颜氏家训·兄弟》

解字说文

解字 九族：指本身以上的父、祖、曾祖、高祖和以下的子、孙、曾孙、玄孙。连气：又称"同气"，指兄弟同为父母所生，气息相通相连。连业：指哥哥用过的书籍，弟弟又接着用。业，古时书写经典的大版，在这里引申为书本。
娣姒（dì sì）：兄弟之妻互称，年长的为姒，年幼的为娣。殁（mò）：死。先人：
指死去的父母。先人之遗体：指兄弟躯体，因为兄弟都是从父母身上分离出来的。
地亲则易弭：地，居住。亲，亲近。弭：消除、停止，此处指解除隔阂，停止纠纷。
恤：忧虑。踏（jí）：践踏。

说文 世上有了人然后才有夫妇关系，有了夫妇然后产生父子关系，有了父
子然后才会有兄弟关系。一个家中的亲人，就是这三种关系而已。以此类推，直
到产生出九族，都是来源于这"三亲"，所以说"三亲"是最重要的人伦关系，
不能不认真对待。

兄弟之间虽然形体各异，然而血气相通相连。在他们小的时候，父母左手拉
一个，右手牵一个；一个拉着父母衣服的前襟，一个拉着父母衣服的后摆；吃饭
时在同一桌上；衣服哥哥穿完了，留给弟弟穿；学习时弟弟用哥哥用过的课本；
游玩时在同一个地方。即便是无理张狂的人，兄弟之间也不能不相互爱护。等到
他们长大成人之后，各自有了自己的妻子，各自有了自己的孩子，即使是性情笃
厚之人，感情也比不上小时候那样深厚。娣娌之间相比，就更加疏远一些了。现
在让关系疏远淡薄者来决定关系亲密兄弟者之间的关系，就如同给方形的底座配
上圆形的盖子，一定是不合适的。兄弟之间只有相亲相爱，感情至深，才能不被
别人影响而彼此疏远。

父母去世以后，兄弟之间互相照顾，应当如同身体和它的影子、声响和它的
回声那样关系密切。兄弟之间互相爱惜父母所给予的躯体，互相珍惜从父母那儿
分得的血气，如果不是兄弟又有谁会这样互相爱怜呢？兄弟之间的关系与别人不
一样，如果相互期望过高就容易产生不满，然而接触密切的话，不满的情绪也容
易得到消除。就像一间居住的房屋，有一个洞就立刻堵好，有一条缝隙就马上涂盖，
那就不会有倒塌的忧虑了。如果不留心麻雀、老鼠的危害，对风雨的侵蚀不加以
提防，就会导致墙壁倒塌，楹柱摧折，没法补救了。佣人、小妾比起麻雀、老鼠，
妻子和子女比起风雨，其危害就更为严重。

兄弟之间如果不能和睦，侄子和儿子之间就不能互相爱护；侄子和儿子之间
如果不互相爱护，家庭中的子弟辈们就会关系疏薄；如果子弟辈们关系疏薄，那
童仆之间就可能成为仇敌。这样，过往路人都可以任意欺辱他们，谁能够救助他
们呢？有的人能够结交天下之士，相互之间都能快乐友爱，而对自己的哥哥却缺
乏敬意，为什么对多数人可以做到的，而对少数人却做不到呢？有的人能统领几
万军队，使部属以死效力，而对自己的弟弟却缺乏恩情，为什么对关系疏远的人
能够做到的，对关系亲密的人却做不到呢？

伯夷叔齐列传

　　伯夷、叔齐，孤竹君之二子也。父欲立叔齐，及父卒，叔齐让伯夷。伯夷曰："父命也。"遂逃去。叔齐亦不肯立而逃之。国人立其中子。于是伯夷、叔齐闻西伯昌善养老，盍往归焉。及至，西伯卒，武王载木主，号为文王，东伐纣。伯夷、叔齐叩马而谏曰："父死不葬，爰及干戈，可谓孝乎？以臣弑君，可谓仁乎？"左右欲兵之。太公曰："此义人也。"扶而去之。武王已平殷乱，天下宗周，而伯夷、叔齐耻之，义不食周粟，隐于首阳山，采薇而食之。及饿且死，作歌。其辞曰："登彼西山兮，采其薇矣。以暴易暴兮，不知其非矣。神农、虞、夏忽焉没兮，我安适归矣？于嗟徂兮，命之衰矣！"遂饿死于首阳山。

——司马迁《史记·伯夷叔齐列传》

大意：

　　伯夷、叔齐是商朝末年孤竹国国君的两个儿子。父亲想要立叔齐为国君，等到父亲去世的时候，叔齐想把国君之位让给哥哥伯夷。伯夷说："这是父亲的遗命啊！"于是他就逃走了。叔齐也不肯继承君位，于是他也逃走了。国人只好拥立孤竹君的次子为国君。这时，伯夷、叔齐听说西伯姬昌能够很好地赡养老人，就想去投奔他。等到他们到了那里的时候，西伯姬昌已经死了，他的儿子周武王把西伯姬昌的木制灵牌载在兵车上，并追尊姬昌为文王，向东方进军去讨伐商纣。伯夷、叔齐勒住武王的马缰进谏说："父亲死了不先安葬，却去发动战争，这能说是孝顺吗？作为臣子却去弑杀君主，这能说是仁义吗？"武王身边的人要杀掉他们。太公吕尚说："他们是有节义的人啊。"于是搀扶着他们离开了。等到武王平定了殷商时期的动乱，天下都归顺了周朝，但伯夷、叔齐却认为这是耻辱的事情。他们认为不应当吃周朝的粮食，就隐居在首阳山上，靠采摘野菜来充饥。等到快要饿死的时候，他们作了一首歌，那歌辞是："登上那西山啊，采摘那里的野菜。以暴抗暴啊，竟然认识不到那是错误。神农、虞、夏的太平盛世突然没有了，哪里才是我们的归宿呀？唉呀，只有死去啊，命运竟是这样的不济！"他们最终饿死在首阳山上。

三 孝悌，为人之本

①

有子曰："其为人也孝弟，而好犯上者，鲜矣；不好犯上，而好作乱者，未之有也。君子务本，本立而道生。孝弟也者，其为仁之本与！"

——《论语·学而》

🔖 解字说文

解字 有子：孔子的学生，姓有，名若。弟（tì）：同"悌"，善事兄长。

说文 有子说："一个人，为人能孝敬父母，友爱兄长，却去做冒犯上司的事情，这种情况是很少的。不去冒犯上司，却喜欢作乱，这种人是从来没有的。一个有道德修养的人会致力于事情的根本，根本确立了，治国、做人的方法就有了。孝顺父母，尊敬兄长，这就是为人的根本。

②

子曰："君子之教以孝也，非家至而日见之也。教以孝，所以敬天下之为人父者也。教以悌，所以敬天下之为人兄者也。教以臣，所以敬天下之为人君者也。《诗》云：'恺悌君子，民之父母。'非至德，其孰能顺民如此其大者乎！"

——《孝经·广至德》

解字 家至：到家。恺悌（kǎi tì）君子，民之父母：语出《诗经·大雅·泂酌》；恺悌：平易近人。君子：先秦时代对诸侯卿士的美称，泛指品德优良，平易近人的人。孰：谁。

说文 孔子说："君子教育人行孝道，并不是一家一户去推行，也不是天天当面教导。君子教人行孝道，就是要让天下做父亲的都得到尊敬；君子教人行悌道，就是要使天下做哥哥的都能得到尊敬；君子教人行臣道，就是要让天下做君主的都能得到尊敬。《诗经》里说：'君子平易近人，民众把他当父母看。'如果没有至高无上的道德，又有谁能把治理民众这件事做到如此伟大的境界呢？"

③

曾子曰："若夫慈爱、恭敬、安亲、扬名，则闻命矣。敢问子从父之令，可谓孝乎？"子曰："是何言与，是何言与！昔者天子有争臣七人，虽无道，不失其天下；诸侯有争臣五人，虽无道，不失其国；大夫有争臣三人，虽无道，不失其家；士有争友，则身不离于令名；父有争子，则身不陷于不义。故当不义，则子不可以不争于父，臣不可以不争于君；故当不义，则争之。从父之令，又焉得为孝乎！"

——《孝经·谏诤》

解字说文

解字 若夫：句首语气词，用在句首或段落的开始。与：同"欤（yú）"，句末语气词，表感叹或者疑问语气。争臣：指能直言谏君，规劝君主过失的大臣。

令名：美好的名声。

说文 曾子说："有关爱亲、敬亲、让亲人安心、让亲人脸上有光等等的教诲，我已经听懂了。我再冒昧地问一句，做儿子的听从父亲的话，可以说是孝吗？"

孔子说："你说的这是什么话呢？你说的这是什么话呢？从前，天子身边有敢于直谏的臣子七人，即使无道，也不至于失去天下；诸侯有敢于直谏的臣子五人，即使无道，也不至于失去其封国；大夫身边有敢于直谏的家臣三人，即使无道，也不至于失掉他的封邑；士身边有敢于直谏的朋友，那么他就不会丢失美好的名声；父亲如果有个敢于直谏的儿子，那么他就不会陷身于不义之中。所以，面对不义的事情，做儿子的不能不去劝谏父亲，做臣子的不能不去劝谏国君；面对不义的事情，一定要去劝谏。单纯一味地听从父命，又怎么能够称得上是孝呢？"

阅读拓展

乳姑不怠

唐崔山南曾祖母长孙夫人，年高无齿。祖母唐夫人，每日栉洗，升堂乳其姑。姑不粒食，数年而康。一日疾笃，长幼咸集，乃宣言曰："无以报新妇恩，愿子孙妇如新妇孝敬足矣。"

孝敬崔家妇，乳姑晨盥梳。

此恩无以报，但愿子孙如。 ——郭居敬《全相二十四孝诗选》

大意：

崔山南，名琯，字从律，是唐代博陵（今属河北）人，曾经任山南西道节度使，人称"崔山南"。当年，崔山南的曾祖母长孙夫人，年事已高，牙齿脱落。他的祖母唐夫人十分孝顺，每天盥洗完毕后，都上堂用自己的乳汁喂养她的婆婆，就这样一直坚持了很多年，长孙夫人不吃其他食物，身体依然健康。有一天，长孙夫人病得很厉害，全家大小聚在一起，长孙夫人说："我没有什么能报答儿媳妇恩情的，但愿儿媳妇的子孙媳妇也像她孝敬我一样孝敬她，就足够了。"后来崔山南做了高官，果然像长孙夫人所叮嘱的那样，对祖母唐夫人非常孝顺。后人写诗称赞说："孝敬崔家妇，乳姑晨盥梳。此恩无以报，但愿子孙如。"

第五单元 尊 师

一 师者，人之模范也

①

善歌者，使人继其声；善教者，使人继其志。其言也，约而达，微而臧，罕譬而喻，可谓继志矣。

君子知至学之难易而知其美恶，然后能博喻，能博喻然后能为师，能为师然后能为长，能为长然后能为君。故师也者，所以学为君也，是故择师不可不慎也。《记》曰："三王四代唯其师。"其此之谓乎！

——《礼记·学记》

解字说文

解字 约而达：简洁而易懂。微而臧：精妙而美好。微：精妙。臧，好，善。罕譬而喻：老师讲解时很少用打比方的方法，而学生却感觉明白易懂。罕，少。譬，打比方。喻，明白，晓得。美恶：指学生个人资质的高下差异。

说文 善于唱歌的人，总是能感动人心，让人跟随着他的声音唱；善于教学的人，总是能够启发人心，让人自觉跟着他的志向学习。他的语言，简约而明晓，含蓄而精微，很少用比喻却使人容易明白，这可以说是善于使学生追随其志向来进行学习。

君子懂得学生学习时的容易之处与困难之处，从而知道学生擅长什么不擅长什么，然后对各种知识能广泛而深入地理解。能广泛深入地理解各种知识，就有能力做老师，有能力做老师才能够做官长，有能力做官长才能够做国君。所以，老师是一种可以从他那儿学习做国君的人，因此选择老师不能不谨慎。古书上说"三王四代都重视对老师的选择"，说的就是这个道理啊。

②

礼者，所以正身也；师者，所以正礼也。无礼何以正身？无师，吾安知礼之为是也？礼然而然，则是情安礼也；师云而云，则是知若师也。情安礼，知若师，则是圣人也。故非礼，是无法也；非师，是无师也。不是师法而好自用，譬之是犹以盲辨色，以聋辨声也，舍乱妄无为也。故学也者，礼法也；夫师，以身为正仪，而贵自安者也。《诗》云："不识不知，顺帝之则。"此之谓也。

——《荀子·修身》

🔖 解字说文

解字 不识不知，顺帝之则：不了解也不知道，只是顺乎上帝的法则。

说文 礼是端正身心的，老师是规范礼法的。没有礼，我们拿什么端正身心；没有老师，我们怎么能够知道礼是什么？礼法怎么规定就怎么做，那是情感安于礼而行；老师怎么说就怎么做，那是理智顺从老师。情感依礼而行，理智顺从老师，那就是圣人了。所以违背了礼法，就是无视法度；违背了老师，就是无视老师。

不赞同老师和礼法而刚愎自用，这就好比让瞎子去辨别颜色，让聋子去辨别声音，除了胡说妄为是不会干出什么事来的。所以，学习就是学习礼法，老师就是以身作则又以安守礼法为贵的人。《诗经》里说："不了解不知道，只是顺乎上帝的法则。"

③

师术有四，而博习不与焉：尊严而惮，可以为师；耆艾而信，可以为师；诵说而不陵不犯，可以为师；知微而论，可以为师。故师术有四，而博习不与焉。水深而回，树落则粪本，弟子通利则思师。《诗》曰："无言不雠，无德不报。"此之谓也。

——《荀子·致士》

解字说文

解字 耆艾（qí ài）：泛指老年人。古代以六十岁为耆，五十岁为艾。不陵不犯：意指忠于师说。陵，逾越。犯，违犯。无言不雠（chóu），无德不报：出自《诗经·大雅·抑》，意思是说，说话总会有应答，施恩总会有回报。雠，同"酬"，回答。报，报答。

说文 老师除了具备渊博知识外，还需要具备四个条件：威严而令人敬畏，可以为师；年纪大阅历丰富而有威信，可以为师；诵读解说能够忠实传达典籍原意，可以为师；能钻研和精通教材，并且善于阐发微言大义，可以为师。所以说，教师除了知识渊博外，还需要具备这四个条件。水深了才能产生旋流，树叶落下就给树根当作肥料，学生通达顺利时就思念老师。《诗经》里说："说话总会有应答，施恩总会有回报。"说的就是这个意思。

阅读拓展

1. 颜渊死。子曰："噫！天丧予！天丧予！"

颜渊死，子哭之恸。从者曰："子恸矣！"曰："有恸乎？非夫人之为恸而谁为？"

颜渊死，门人欲厚葬之。子曰："不可。"门人厚葬之。子曰："回也，视予犹父也，予不得视犹子也。非我也，夫二三子也。"

——《论语·先进》

大意：

颜渊死了，孔子说："唉！老天爷要我的命啊！老天爷要我的命啊！

颜渊死了，孔子哭得特别伤心。跟随他的人说："您太伤心了！"孔子回答说："真的太伤心了吗？我不为这样的人去世而伤心，我为什么人去世而伤心呢？"

颜渊死了，孔子的学生们想厚葬他。孔子说："不可以！"学生们还是将颜回厚葬了。孔子说："颜回呀，把我当父亲看待，我却不能像对待儿子那样对待他。这不是我的主意啊，是那些学生这么做的啊。"

2. 孔子厄于陈蔡，从者七日不食。子贡以所赍货，窃犯围而出，告籴于野人，得米一石焉。颜回、仲由炊之于坏屋之下，有埃墨堕饭中，颜回取而食之。子贡自井望见之，不悦，以为窃食也。

入问孔子曰："仁人廉士，穷改节乎？"孔子曰："改节即何称于仁义哉？"子贡曰："若回也，其不改节乎？"子曰："然。"子贡以所饭告孔子。子曰："吾信回之为仁久矣，虽汝有云，弗以疑也，其或者必有故乎？汝止，吾将问之。"

召颜回曰："畴昔予梦见先人，岂或启佑我哉？子炊而进饭，吾将进焉。"对曰："向有埃墨堕饭中，欲置之，则不洁；欲弃之，则可惜。回即食之，不可祭也。"孔子曰："然乎，吾亦食之。"

颜回出，孔子顾谓二三子曰："吾之信回也，非待今日也。"二三子由此乃服之。

——《孔子家语》卷五

大意：

孔子受困于陈、蔡之地，跟随他的人七天没有吃上饭了。子贡拿着携带的货物，偷偷溜出包围圈，请求村民给他换些米，于是得到了一石米。颜回和仲由在一间土屋里煮饭，有一块熏黑的灰土掉到饭里去了，颜回把弄脏的饭取出来吃了。子贡在井边望见了，很不高兴，以为颜回在偷吃。

他进屋去问孔子："仁人廉士，在困穷时候也会改变节操吗？"孔子说："改变节操那还称得上仁人廉士吗？"子贡问："像颜回这样的人，他不会改变节操吧？"孔子说："是的。"于是子贡就把颜回偷吃饭的事告诉了孔子。孔子说："很久以来，我相信颜回是个有仁德之人。虽然你这样说，我还是不怀疑他，他那样做有其他原因吧。你待在这里，我要问问他。"

孔子把颜回叫进来说："前几天我梦见了先人，这难道是祖先暗示要保佑我们吗？你烧好饭赶快端上来，我要进献给祖先。"颜回说："刚才有灰尘掉入饭中，如果留在饭中则不干净；如果扔掉，又很可惜。我就把它吃了，这饭不能用来祭祖了。"孔子说："是这样的啊，是我我也会吃掉。"

颜回出去后，孔子看着弟子们说："我对颜回的信任，不是从今天开始的！"弟子们由此叹服颜回。

二 为学莫重于尊师

①

凡学之道：严师为难。师严然后道尊，道尊然后民知敬学。是故君之所以不臣于其臣者二：当其为尸，则弗臣也；当其为师，则弗臣也。大学之礼，虽诏于天子无北面，所以尊师也。

——《礼记·学记》

解字说文

解字 严：尊敬。尸：古代祭祀时，代替死者受祭的人。

说文 为学之道，最为难得是尊敬老师。老师受到尊敬，道义才能受到尊重；道义受到尊敬，然后人们才懂得敬重学问。所以国君不以对待臣子的礼节对待臣下的情况有两种：一种是当臣下在祭祀中担任受祭的代理人时，不以对待臣子的态度对待他；一种是臣子在做老师的时候，不以对待臣子的态度对待他。在大学的礼仪中，老师受到君主的召见，也不必按臣礼面朝北，这是为了表现君主对老师的尊敬。

②

　　古之学者必有师。师者，所以传道受业解惑也。人非生而知之者，孰能无惑？惑而不从师，其为惑也，终不解矣。生乎吾前，其闻道也固先乎吾，吾从而师之；生乎吾后，其闻道也亦先乎吾，吾从而师之。吾师道也，夫庸知其年之先后生于吾乎？是故无贵无贱，无长无少，道之所存，师之所存也。

　　嗟乎！师道之不传也久矣！欲人之无惑也难矣！古之圣人，其出人也远矣，犹且从师而问焉；今之众人，其下圣人也亦远矣，而耻学于师。是故圣益圣，愚益愚。圣人之所以为圣，愚人之所以为愚，其皆出于此乎？爱其子，择师而教之；于其身也，则耻师焉，惑矣。彼童子之师，授之书而习其句读者，非吾所谓传其道解其惑者也。句读之不知，惑之不解，或师焉，或不焉，小学而大遗，吾未见其明也。巫医乐师百工之人，不耻相师。士大夫之族，曰师曰弟子云者，则群聚而笑之。问之，则曰："彼与彼年相若也，道相似也。位卑则足羞，官盛则近谀。"呜呼！师道之不复可知矣。巫医乐师百工之人，君子不齿，今其智乃反不能及，其可怪也欤！

——韩愈《师说》

🔖 解字说文

解字 受：通"授"。业：此处泛指古代经、史、诸子之学及其古文写作。庸：岂，表示反问的语气。句读（dòu）：古代称文辞意尽处为句，语意未尽而须停顿处为读，由于古代书籍上没有标点符号，老师要进行句读的教学。

说文 在古代，学习的人一定要有老师。老师，是传授道理、教授学业、解答疑惑的人。人不是一生下来就知道道理的，谁能够没有疑难问题呢？有疑难问题而不跟从老师学习，那些疑难问题就一辈子得不到解决。出生比我早的人，他懂得道理本来就比我早，我跟随他学习；比我出生晚的人，他懂得道理如果也比我早的话，我也跟随他学习。我跟随老师学习道理，哪管他的生年比我早还是比我晚呢？所以，无论高贵还是卑贱，无论年纪大还是年纪小，道理存在的地方，就是老师存在的地方。

唉！从师学习的风气不流传已经很久了，想要人没有疑惑也是很困难的事情。古代的圣人超出普通人很远，尚且跟随老师学习。现在的一般人，比圣人也差的很远，反而把跟随老师学习当作耻辱的事情。所以，圣人就更加圣明，愚人就更加愚昧，圣人之所以成为圣人，愚人之所以成为愚人，都是这个原因吧。人们爱自己的孩子，就选择老师来教他；至于自己，则耻于拜师，真糊涂啊！那些孩子们的老师，是教给儿童们识字断句的，不是我所说的传授道理、解答疑惑的人。一方面不通晓句读，另一方面不能解决疑惑，有了句读问题向老师学习，有了疑惑却不向老师学习；小的方面倒要学习，大的方面反而放弃，我没看出这种人是明智的。巫师、医生、乐师、各种手工业者，不以彼此传授学习为耻。士大夫这类人，一听到有以"学生""老师"相称呼者，就许多人聚集在一起讥笑人家。问他们原因，回答说："彼此年纪差不多，懂得的道理也差不多。以地位比自己低的人为师则足以为羞；以地位比自己高的人为师，就近乎谄媚了。"唉，古代那种跟从老师学习的风尚不能恢复，从这些话里就可以明白了。巫师、医生、乐师和各种手工业者之类的，君子们不屑与之为伍，现在他们的见识反而赶不上这些人，真是令人奇怪啊！

🔖 阅读拓展

汉明帝尊师的故事

上自为太子，受《尚书》于桓荣，及即帝位，犹尊荣以师礼。尝幸太常府，令荣坐东面，设几杖，会百官及荣门生数百人，上亲自执业；诸生或避位发难，上谦曰："太师在是。"既罢，悉以太官供具赐太常家。

荣每疾病，帝辄遣使者存问，太官、太医相望于道。及笃，上疏谢恩，让还爵士。帝幸其家问起居，入街，下车，拥经而前，抚荣垂涕，赐以床茵、帷帐、刀剑、衣被，良久乃去。自是诸侯、将军、大夫问疾者，不敢复乘车到门，皆拜床下。荣卒，帝亲自变服临丧送葬，赐冢茔于首山之阳。子郁当嗣，让其兄子泛；帝不许，郁乃受封，而悉以租入与之。帝以郁为侍中。

——司马光《资治通鉴》卷四十四

大意：

汉明帝自当上太子后，跟着桓荣学习《尚书》，等到他登基做皇帝后，依旧尊重桓荣，以师礼相待。他曾经亲自去太常府（桓荣已封太常）探望老师，让桓荣坐东面，摆好坐几和手杖，召百官和桓荣弟子数百人来行弟子礼，明帝亲自执弟子礼节。诸生离开座位向皇帝提出疑难问题，明帝谦让地说："太师在这里。"结束后，把太官的供具都赐给了太常家。桓荣每次生病，明帝都派使者去探望他，并连续派太官、太医为桓荣医治。桓荣病重的时候，呈上奏折叩谢皇恩，并辞让交还爵位和官职。明帝亲自到他家询问病情，走到他家所在街道就下了车，抱着经书上前，抚摸着桓荣痛哭不已，并赐给他床茵、帷帐、刀剑、衣被，过了好久才离去。从此以后，诸侯、将军、大夫等前来探病的，都不敢驾车走到门前，在床前都下拜。桓荣死后，明帝亲自换上丧服给他送葬，并在首山的南面赏赐了一块墓地。桓荣的儿子桓郁应当继承爵位，他想让给他哥哥的儿子桓泛，明帝没有答应。桓郁于是接受封赐，而把封地的收入都送给桓泛。明帝任命桓郁为侍中。

三 当仁，不让于师

①

叔孙武叔毁仲尼。子贡曰："无以为也，仲尼不可毁也。他人之贤者，丘陵也，犹可逾也；仲尼，日月也，无得而逾焉。人虽欲自绝，其何伤于日月乎？多见其不知量也！"

——《论语·子张》

解字说文

解字 叔孙武叔：鲁国大夫，名州仇，谥号曰"武"，称叔孙州仇，史称叔孙武叔。子贡：复姓端木，名赐，字子贡，孔子得意门生。

说文 叔孙武叔诽谤孔子。子贡说："这样做是没有用的，孔子是不可能被诋毁的。他人的贤德，好比丘陵，是可以超越的；孔子的贤德好比日月，任何人都不能超越。有些人纵然要自绝于太阳和月亮，但是对于太阳和月亮又有什么损失呢，只不过显示出他们不自量力罢了。"

②

陈子禽谓子贡曰："子为恭也，仲尼岂贤于子乎？"

子贡曰："君子一言以为知，一言以为不知，言不可不慎也。夫子之不可及也，犹天之不可阶而升也。夫子之得邦家者，所谓立之斯立，道之斯行，绥之斯来，动之斯和。其生也荣，其死也哀，如之何其可及也。"

——《论语·子张》

解字说文

解字 陈子禽：孔子学生，字子禽。道：引导。绥：安。

说文 陈子禽对子贡说："您对仲尼太恭敬了吧！难道他真的比你贤吗？"

子贡说："君子由一句话可以表现他的聪明，也能由一句话暴露他的无知，所以说话不能不谨慎。孔子的高不可及，就像不可以借着梯子爬上天去一样。孔子如果得到国为诸侯或者得到采邑而为卿大夫，要百姓立足于社会，百姓就会人人立足于社会；要引导百姓，百姓就会跟着走；一安抚百姓，百姓就会前来投奔；一动员百姓，百姓就会齐心协力。他活着，大家以他为荣；他死了，大家都为他感到悲痛。这样的人，谁能赶得上他呢？"

③

子曰："若圣与仁，则吾岂敢？抑为之不厌，诲人不倦，则可谓云尔已矣。"公西华曰："正唯弟子不能学也。"

——《论语·述而》

解字说文

解字 抑：不过是，只不过。公西华，字子华，亦称公西赤，孔子弟子。

说文 孔子说："圣与仁的境界，我怎么敢自许啊！我只不过朝着圣与仁的方向努力而永不满足，教导别人也永远不知疲劳罢了。"公西华说："这正是我们学不到的啊。"

颜渊喟然叹曰："仰之弥高，钻之弥坚；瞻之在前，忽焉在后。夫子循循然善诱人，博我以文，约我以礼，欲罢不能。既竭吾才，如有所立卓尔。虽欲从之，末由也已。"

——《论语·子罕》

解字说文

解字 坚：坚固，这里指深奥。卓尔：高大、超群的样子。末由：末，无，没有。由，途径。

说文 颜渊感叹地说："越抬头看，越觉得高明；越用功钻研，越觉得深邃。看着似乎在前面，忽然又跑到后面去了。老师教学循循善诱，用各种文献知识丰富我，用礼节来约束我，使我想停止学习都不可能。我已经竭尽了我的才能，似乎可以卓然独立了。想再前进一步，却不知从何下手了。"

⑤

子曰："当仁，不让于师。"

——《论语·卫灵公》

解字说文

说文 在仁德面前，不要同老师谦让。

⑥

子之武城，闻弦歌之声。夫子莞尔而笑，曰："割鸡焉用牛刀？"子游对曰："昔者偃也闻诸夫子曰：'君子学道则爱人，小人学道则易使也。'"子曰："二三子！偃之言是也。前言戏之耳。"

——《论语·阳货》

🌀 解字说文

解字 子游：姓言，名偃，字子游，孔子学生。

说文 孔子到了武城，听到有人弹琴唱歌，孔子微笑着说："杀鸡何必用杀牛的刀？子游说："以前我听老师说过：'君子学习了礼乐就会爱护百姓，小人学习了礼乐就容易被驱使。'"孔子对学生说："学生们啊，子游的话是对的，刚才我不过是开玩笑罢了。"

🌀 阅读拓展

程门立雪

杨时字中立，南剑将乐人。幼颖异，能属文，稍长，潜心经史。熙宁九年，中进士第。时河南程颢与弟颐讲孔孟绝学于熙、丰之际，河、洛之士翕然师之。时调官不赴，以师礼见颢于颍昌，相得甚欢。其归也，颢目送之曰："吾道南矣。"四年而颢死，时闻之，设位哭寝门，而以书赴告同学者。至是，又见程颐于洛，时盖年四十矣。一日见颐，颐偶瞑坐，时与游酢侍立不去，颐既觉，则门外雪深一尺矣。

——《宋史·杨时传》

大意：

杨时，字中立，是南剑将乐（地名，今属福州）人。他小时候就聪明异常，善于写文章。等到他年纪稍微大些的时候，就潜心钻研经史典籍。宋熙宁九年考中进士。当时，河南人程颢和程颐兄弟俩在熙宁、元丰年间讲授孔子和孟子的学术精要，黄河、洛水附近的学者都去拜他们为师。当时朝廷调杨时去做官，他没有去，而到颍昌拜程颢为师。他们师生相处得很好，当杨时回去的时候，程颢目送他说："我的学问可以传到南边去了。"四年后，程颢去世了。杨时听说后，在卧室设了程颢的牌位哭祭，又书信讣告和他一起学习的人。到了杨时四十岁的时候，他又到洛阳拜见程颐。有一天，杨时去拜见程颐，程颐恰好坐着打瞌睡，杨时就和同学游酢侍立在门外没有离去。等到程颐醒来的时候，门外的雪已经有一尺多厚了。

第六单元 仁 义

一 仁者，人也

①

哀公问政。子曰："文武之政，布在方策。其人存，则其政举；其人亡，则其政息。人道敏政，地道敏树；夫政也者，蒲卢也。故为政在人，取人以身，修身以道，修道以仁。仁者，人也，亲亲为大；义者，宜也，尊贤为大。亲亲之杀，尊贤之等，礼所生也。在下位不获乎上，民不可得而治矣。故君子不可以不修身；思修身，不可以不事亲；思事亲，不可以不知人；思知人，不可以不知天。"

——《中庸》

解字说文

解字 哀公：鲁哀公，姓姬，名蒋，"哀"为谥号。方策：亦作"方册"，古代典籍写在木板或竹简上，木板称"方"，竹简称"策"，联简称"册"。敏：勤勉，或解释为迅速。蒲卢：芦苇，草本植物。杀：减少，降。

说文 鲁哀公询问政事。孔子回答说："周文王、周武王的政治措施，都被一条一条地记载在木板或者竹简上。如果能实行这些措施的贤人还在，那么政令就可以实施；如果这些贤人去世了，那些政令就会被废弃。尽了人力，可以使政令快速地取得成效；尽了地力，可以使植物快速地生长。人们努力地实行这些政令，就像大地使芦苇快速生长一样。所以说，为政的关键在于得到贤人；要选取人才，关键在于这个人的修养。修养自身，必须遵循大道；遵循大道，必须以仁爱为中心。"仁"的意义就是"人"，爱自己的亲人，就是最大的仁。"义"的意义是"宜"，尊重贤人是最大的义。爱自己的亲人要分关系远近，尊重贤人要分别等级，这就是"礼"产生的原因。处在下位的人，得不到上级的信任，百姓就不可能治理好。所以，君子不可以不修养自身；要修养好自身，不能不侍奉自己的亲人；要侍奉自己的亲属，不能不了解人的本性；要了解人的本性，不能不了解天道。

②

　　孟子见梁惠王。王曰："叟！不远千里而来，亦将有以利吾国乎？"孟子对曰："王！何必曰利？亦有仁义而已矣。王曰：'何以利吾国？'大夫曰：'何以利吾家？'士庶人曰：'何以利吾身？'上下交征利，而国危矣。万乘之国，弑其君者必千乘之家；千乘之国，弑其君者必百乘之家。万取千焉，千取百焉，不为不多矣。苟为后义而先利，不夺不餍。未有仁而遗其亲者也，未有义而后其君者也。王亦曰仁义而已矣，何必曰利？"

——《孟子·梁惠王上》

解字 梁惠王：即魏惠王，姬姓，名罃，公元前369年即位，在位50年。乘（shèng）：四匹马拉一辆车叫一乘。餍：满足、饱足。

说文 孟子拜见梁惠王。惠王说："老人家不远千里前来，一定有些对我的国家有利的高见吧？孟子回答说："国王您为什么要说利呢？我这里只有仁义罢了。国王说：'怎么样才对我的国家有利呢？'大夫说：'怎么样才对我的封地有利呢？'士人和老百姓说：'怎么样才对我自己有利呢？'上上下下互相追逐私利，国家就危险了。在拥有万辆兵车的大国里，杀死国君的，一定是拥有千辆兵车的大夫；在拥有千辆兵车的国家里，杀死国君的，一定是拥有百辆兵车的大夫。在兵车万辆的国家里，大夫占有兵车千辆；在兵车千辆的国家里，大夫占有兵车百辆。他们占有的不算不多了。如果将利放在优先地位，而将仁放在利的后面，那么不争夺就不会满足。从来没有讲仁义而遗弃自己父母的人，也从没有讲仁义却背叛君主的人。所以说，国王只要讲仁义就行了，为什么非要说利益呢？"

③

孟子曰："人皆有不忍人之心。先王有不忍人之心，斯有不忍人之政矣。以不忍人之心，行不忍人之政，治天下可运之掌上。所以谓人皆有不忍人之心者，今人乍见孺子将入于井，皆有怵惕、恻隐之心；非所以内交于孺子之父母也，非所以要誉于乡党朋友也，非恶其声而然也。由是观之，无恻隐之心，非人也；无羞恶之心，非人也；无辞让之心，非人也；无是非之心，非人也。恻隐之心，仁之端也；羞恶之心，义之端也；辞让之心，礼之端也；是非之心，智之端也。人之有是四端也，犹其有四体也。有是四端而自谓不能者，自贼者也；谓其君不能者，贼其君者也。凡有四端于我者，知皆扩而充之矣，若火之始然、泉之始达。苟能充之，足以保四海；苟不充之，不足以事父母。"

——《孟子·公孙丑上》

解字说文

解字 内交：即结下交情，内，通"纳"。自贼：指伤害自己，贬低自己。

说文 孟子说："每个人都有怜悯同情之心。先王因为有怜悯之心，于是就实行怜悯人的政治。凭着这种怜悯心来施行怜悯人的政策，那么治理天下就会像在手掌心里运转小物件一样容易。说每个人都有怜悯之心的缘故，例如人们突然看到小孩将要落入井里，任何人都会有恐惧同情的心理，这并不是想得到小孩父母的感激，也不是要博取乡里朋友的赞誉，更不是厌恶那小孩的哭喊声。从这个例子来看，如果没有同情心，就不是人；如果没有羞耻心，就不是人；如果没有辞让心，就不是人；如果没有是非心，也不是人。同情心是仁的开端，羞耻心是义的开端，辞让心是礼的开端，辨别是非之心是智的开端。人们都有这四种开端，就像有四肢一样。有这四种开端却自己认为不行的人，这是自己残害自己。认为他的君主不行的人，这是伤害他的君主的人。凡是具备四端的人，只要懂得把它们扩大充实起来，就会像火一样开始燃烧、像泉水开始奔流一样。如果能够扩充它，便足以安定天下；如果不能扩充它，连赡养父母都不能做到。"

阅读拓展

刘敏元义救乡党

刘敏元，字道光，北海人也。厉己修学，不以险难改心。好星历阴阳术数，潜心《易》《太玄》，不好读史，常谓同志曰："诵书当味义根，何为费功于浮辞之文！《易》者，义之源；《太玄》，理之门，能明此者，即吾师也。"永嘉之乱，自齐西奔。同县管平年七十余，随敏元而西，行及荥阳，为盗所劫。敏元已免，乃还谓贼曰："此公孤老，余年无几，敏元请以身代，愿诸君舍之。"贼曰："此公于君何亲？"敏元曰："同邑人也。穷窭无子，依敏元为命。诸君若欲役之，老不堪使，若欲食之，复不如敏元，乞诸君哀也。"有一贼瞋目叱敏元曰：“吾不放此公，忧不得汝乎！”敏元奋剑曰：“吾岂望生邪！当杀汝而后死。此公穷老，神祇尚当哀矜之。吾亲非骨肉，义非师友，但以见投之故，乞以身代。诸大夫慈惠，皆有听吾之色，汝何有靦面目而发斯言！”顾谓诸盗长曰：“夫仁义何常，宁可失诸君子！上当为高皇、光武之事，下岂失为陈项乎！当取之由道，使所过称咏威德，奈何容畜此人以损盛美！当为诸君除此人，以成诸君霸王之业。”前将斩之。盗长遽止之，而相谓曰：“义士也！害之犯义。”乃俱免之。后仕刘曜，为中书侍郎、太尉长史。——《晋书·列传五十九·忠义》

大意：

刘敏元，字道光，是北海郡人。他对自己要求严格，认真研修学问，不为艰难困苦而动摇。他喜好天文星历和阴阳占卜，专心研究《周易》和《太玄》，不喜欢读史书，经常对志同道合的朋友说：“读书应当体味根本的道理和意义，何必在华而不实的文章上面下工夫！《周易》是讲根本道理的，《太玄》是探讨周易理论的入门书，能够明白这些道理的人，就是我的老师。”永嘉五年，刘曜攻破洛阳，俘虏晋怀帝。晋人又立司马邺于长安，为晋愍帝。刘敏元从山东奔赴长安去投晋愍帝。同县一个叫管平的人，七十多岁了，跟随刘敏元西行，走到荥阳，被盗贼所劫。刘敏元本已逃脱，看到管平还在盗贼手里，就回去对盗贼说：“这位老人孤独年老，也活不了多少年了，我还年轻，愿意替代他，请你们放了他吧。”盗贼说：“这个人是你什么亲戚？”刘敏元说：“我们是同乡而已，他穷困没有儿子，和我相依为命。如果你们想让他干活，他年龄大了干不了，如果想要杀了吃，也不如我的肉多，请各位可怜可怜他吧。”有一个盗贼瞪眼喝斥刘敏元：“我不放过这个老头，还怕抓不到你吗？”刘敏元举剑说：“难道我还奢望活着吗？我先杀了你再死，这个老人又穷又老，神明也可怜他，我和他既不是骨肉之亲，也不是师友，不过因为他投靠我，我才请求替代他。各位大人都心怀慈悲，都有接受我恳求之意，你怎么有脸说出这样的话！”然后他又对各位盗贼头目说：“仁义是多么平常的道理，难道你们宁可失去仁义之心吗？做的好就能成就汉高祖和光武帝那样的帝王之业，难道还不如陈胜、项羽吗！你们应当取财有道，使经过这里的人都称颂你们的威德，怎能留这种人损害你们的声誉呢？我将为诸君除掉这个人，以帮诸君成就霸王之业！”然后就上前准备杀了那个强盗。盗贼头目连忙上去阻拦，相互商量说：“这是义士啊，杀害他违背了道义。”

然后把两个人都放了。后来，刘敏元为刘曜做事，当上了中书侍郎、太尉长史。

二 义者，宜也

①

礼起于何也？曰：人生而有欲，欲而不得，则不能无求。求而无度量分界，则不能不争；争则乱，乱则穷。先王恶其乱也，故制礼义以分之，以养人之欲，给人之求。使欲必不穷乎物，物必不屈于欲。两者相持而长，是礼之所起也。

——《荀子·礼论》

🔖 解字说文

解字 穷：匮乏，不满足。屈：屈服。

说文 礼是在什么情况下产生的呢？回答说：人生来就有欲望，如果想要什么，而不能得到，就不能没有追求。如果一味追求而没有标准和限度，就不能不发生争夺；一旦发生争夺就会有祸乱，一有祸乱就会陷入困境。先王厌恶祸乱，所以制定了礼义来确定人们的名分，以此来调养人们的欲望、满足人们的要求，使人们的欲望决不会由于物资的原因而不得满足，物资也不会因为人们的欲望要求而穷尽。使物资和欲望两者在互相制约中增长，这就是礼的起源。

②

孙卿曰：其为人上也，广大矣！志意定乎内，礼节修乎朝，法则、度量正乎官，忠信爱利形乎下。行一不义，杀一无罪，而得天下，不为也。此君义信乎人矣，通于四海，则天下应之如讙。是何也？则贵名白而天下治也。故近者歌讴而乐之，远者竭蹶而趋之，四海之内若一家，通达之属莫不从服。夫是之谓人师。《诗》曰："自西自东，自南自北，无思不服。"此之谓也。

——《荀子·儒效》

解字说文

解字 讙（huān）：欢呼。贵名白：高贵的名声得到彰显。竭蹶：竭力奔走。

说文 荀子说：儒者当了君主，影响就广大了，他的志向意愿在心中确立了，朝廷的礼节制定完善，官府中法律准则、规章制度就会公正，民间就会形成忠信、仁爱之风。做一件不义的事，杀一个无罪的人，而能取得天下，这种事是不会去做的。这种君主道义得到百姓的信任，传遍四面八方，天下的人都为之欢呼。这是为什么呢？是因为尊贵的名声得到了彰显，于是天下安康。近处的人歌颂他并以被其治理为乐，远处的人也不辞劳苦前来投奔，四海之内就像一家一样，凡是交通能达到的地方，没有人不服从。这样的人可以被称为百姓的师长了。《诗》说："从西到东，从南到北，没有哪个不服从。"说的就是这个事情。

③

博爱之谓仁，行而宜之之谓义，由是而之焉之谓道，足乎己而无待于外之谓德。仁与义为定名，道与德为虚位。故道有君子小人，而德有凶有吉。老子之小仁义，非毁之也，其见者小也。坐井而观天，曰天小者，非天小也。彼以煦煦为仁，孑孑为义，其小之也则宜。其所谓道，道其所道，非吾所谓道也。其所谓德，德其所德，非吾所谓德也。凡吾所谓道德云者，合仁与义言之也，天下之公言也。老子之所谓道德云者，去仁与义言之也，一人之私言也。

——韩愈《原道》

解字说文

解字 煦煦（xù xù）：和蔼的样子，这里指小恩小惠。孑孑：琐屑细小的样子。

说文 博爱就是仁，以恰当的方式去实现仁就是义，由仁义而行就是正道，圆满自足而不依赖外在的东西，这就是德。仁与义是内涵确定的名称，道与德是内涵不确定的称谓。所以道有君子之道和小人之道，而德有凶德和吉德，老子轻视仁义，不是诋毁仁义，而是由于他的观念狭隘。就像坐在井里看天的人，说天狭小，其实并不是真小。老子认为小的恩惠是仁，谨小慎微是义，他轻视仁义就是自然的了。老子所说的道，是他自己认为的道，并不是我所说的道；他所说的德，是他自己认为的德，并不是我所说的德。凡是我所说的道德，都是结合仁、义说的，是天下的公论。老子所说的道德，是抛开了仁和义而说的，是他自己的说法。

阅读拓展

子贡赎人和子路受牛

鲁国之法，鲁人为人臣妾于诸侯，有能赎之者，取其金于府。子贡赎鲁人于诸侯，来而让不取其金。孔子曰："赐失之矣。自今以往，鲁人不赎人矣。取其金则无损于行，不取其金则不复赎人矣。"

子路拯溺者，其人拜之以牛，子路受之。孔子曰："鲁人必拯溺者矣。"

孔子见之以细，观化远也。 ——吕不韦《吕氏春秋·察微》

大意：

鲁国有条法律，鲁国人在别的国家沦为奴隶，有人如果能把他们赎回来，便可以到国库中领取赎金。子贡在别国赎回了一个人，回来之后拒绝到国库领取赎金。孔子说："子贡（端木赐），你这样做是错误的。从今以后，鲁国人就不再赎回国人了。如果你收下这个补偿金，并不会损害你的德行，而如果你不肯拿回你抵付的钱，别人以后也不再赎人了。"

子路拯救了一名落水者，那人送了一头牛来感谢他，子路就收下了。孔子说："以后鲁国人一定会勇于拯救落水者了。"

孔子能从小事情看到潜移默化的深远影响啊。

三 居仁由义

①

孟子曰："自暴者，不可与有言也；自弃者，不可与有为也。言非礼义，谓之自暴也；吾身不能居仁由义，谓之自弃也。仁，人之安宅也；义，人之正路也。旷安宅而弗居，舍正路而不由，哀哉！"

——《孟子·离娄上》

解字说文

解字 自暴：自己损害自己；暴，损害，糟蹋。旷：空着。

说文 孟子说："自己残害自己的人，不能和他谈论有价值的话；自己抛弃自己的人，不能和他一起做有意义的事情。出言违背了礼义，这叫残害自己；认为自身不能居心仁厚、实行道义，这叫抛弃自己。仁，是人最安适的住所；义，是人最正确的道路。空着安适的住所而不住，舍弃正确的道路而不走，真是悲哀呀！"

②

孟子曰："仁，人心也；义，人路也。舍其路而弗由，放其心而不知求，哀哉！人有鸡犬放，则知求之；有放心而不知求。学问之道无他，求其放心而已矣。"

——《孟子·告子上》

解字说文

说文 孟子说："仁是人的本心，义是人的道路。放弃正路不走，丧失善良本心而不去寻找，可悲呀！人们有鸡和狗走失了，还知道去寻找；善良本心丧失了，却不知道去寻求。做学问的方法没有别的，就是把那丧失的善良本心找回来罢了。"

③

孟子曰："人之所以异于禽兽者几希，庶民去之，君子存之。舜明于庶物，察于人伦，由仁义行，非行仁义也。"

——《孟子·离娄上》

解字说文

解字 几希：微小。庶民：众人。庶物：众多的事物。

说文 孟子说："人和禽兽不同的地方非常微小。一般的民众丢弃了它，而君子却保存了。舜明了事物的道理，体察人伦关系，他是从仁义之心出发来落实行动的，而不仅是去做符合仁义的事情。"

鲁义姑的故事

　　鲁义姑姊者，鲁野之妇人也。齐攻鲁至郊，望见一妇人，抱一儿，携一儿而行，军且及之，弃其所抱，抱其所携而走于山，儿随而啼，妇人遂行不顾。齐将问儿曰："走者尔母耶？"曰："是也。""母所抱者谁也？"曰："不知也。"齐将乃追之，军士引弓将射之，曰："止，不止，吾将射尔。"妇人乃还。齐将问所抱者谁也，所弃者谁也。对曰："所抱者妾兄之子也，所弃者妾之子也。见军之至，力不能两护，故弃妾之子。"齐将曰："子之于母，其亲爱也，痛甚于心，今释之，而反抱兄之子，何也？"妇人曰："己之子，私爱也。兄之子，公义也。夫背公义而向私爱，亡兄子而存妾子，幸而得幸，则鲁君不吾畜，大夫不吾养，庶民国人不吾与也。夫如是，则胁肩无所容，而累足无所履也。子虽痛乎，独谓义何？故忍弃子而行义，不能无义而视鲁国。"于是齐将按兵而止，使人言于齐君曰："鲁未可伐也。乃至于境，山泽之妇人耳，犹知持节行义，不以私害公，而况于朝臣士大夫乎！请还。"齐君许之。鲁君闻之，赐妇人束帛百端，号曰义姑姊。公正诚信，果于行义。夫义，其大哉！虽在匹妇，国犹赖之，况以礼义治国乎！《诗》云："有觉德行，四国顺之。"此之谓也。　　——刘向《列女传·节义》

大意：

　　鲁义姑，是鲁国乡下的一名普通妇女。齐国攻打鲁国到边境，看见一个妇女，怀里抱着一个小孩，手里还拉着一个小孩。眼看军队就要追上他们了，那女人放弃了抱着的孩子，抱着刚才她拉着的孩子逃往山里，被丢弃的孩子大声啼哭，妇女一直前行不管不顾。齐国的将军问被抛弃的小孩说："逃跑的是你母亲吗？小孩说："是的。""你母亲抱的是谁？"小孩回答说："不知道。"齐国的将领就开始追那个妇女，士兵们拉开弓要准备射向她，并且说："停下来，不停我们就要放箭了。"那个女人只好回来了。齐国的将军就问她抱的是谁，丢下的是谁。妇女回答说："抱的是我哥哥的孩子，丢弃的是我的孩子。看见你们大军到了，我没有力量同时保护他们两个，于是抛弃了自己的孩子。"齐国的将军说："自己的儿子对于母亲来说，那是最疼爱不过的，现在你抛下自己的孩子，反而抱着哥哥的孩子，为什么呢？"那女人说："保护自己的孩子，是自私的，保护哥哥的孩子，是合乎道义的事情。放弃了合乎道义的事情选择自私的做法，牺牲哥哥的孩子而保全我的孩子，就算侥幸没死，鲁国的国君也不会收容我们，鲁国的大臣不会供养我们，鲁国的平民百姓也不会理睬我们的。如果是那样的话，就会没有立足容身之地。虽然我很心疼儿子，失去儿子又怎么比得上失去道义呢？所以宁可放弃自己的孩子也要践行道义，不能让别人认为鲁国是一个不讲道义的国家。"于是齐国的将领命令士兵停止进攻，派人向齐国的国君禀报说："不能进攻鲁国。刚到边境，一个山村的妇人，都知道坚持道义，不因私害公，何况朝中的大臣和士大夫们呢！我请求撤兵。"齐国的国君同意了他的请求。鲁国的国君听说这件事，赏赐给这个妇女一百多端帛，赐予她"义姑姊"的称号。以褒奖她的公正诚信，忠于道义。义，是多么重要的事情啊！虽然发生在一个妇女身上，国家尚且依靠这个得以保全，何况以礼义治理国家呢！《诗经》上说："有大的德行的人，四方的人都会来依附于他"，说的就是这个道理。

第七单元 诚 信

一 诚者不欺

①

　　所谓诚其意者：毋自欺也，如恶恶臭，如好好色，此之谓自谦，故君子必慎其独也！小人闲居为不善，无所不至，见君子而后厌然，掩其不善，而著其善。人之视己，如见其肺肝然，则何益矣。此谓诚于中，形于外，故君子必慎其独也。曾子曰："十目所视，十手所指，其严乎！"富润屋，德润身，心广体胖，故君子必诚其意。

——《大学》

解字说文

　　解字 恶臭：难闻的气味。好色：美好的颜色。谦：通"慊（qiè）"，满足。厌（yà）：掩饰。著：显示，彰明。润：养。胖（pán）：舒泰。

说文 所谓意念诚实，就是不要自己欺骗自己。就像讨厌难闻的气味那样，就像喜欢美丽的色彩一样，这就是所谓的自我满足、自我快乐。所以君子一定要在独处的时候小心谨慎地注意自己的行为。小人独处的时候什么事都做；见到君子，就遮遮掩掩，试图掩盖自己坏的地方，而炫耀自己好的地方；可是别人看见他，就像是能见到他的肺肝一样，他的遮掩又有什么用呢？这就是内心诚实，表面上就显现出来。因此君子一定要在独处时小心谨慎地注意自己的行为。曾子说："当独处的时候，要像有很多眼睛正在盯着你一样，要像有很多手指在指着你一样，多么可畏啊！"财富可以用来装饰房屋，道德可以用来修养自身，心胸宽广就能身心舒泰，因此君子一定要使自己的意念诚实。

②

君子能为可贵，不能使人必贵己；能为可信，不能使人必信己；能为可用，不能使人必用己。故君子耻不修，不耻见污；耻不信，不耻不见信；耻不能，不耻不见用。是以不诱于誉，不恐于诽，率道而行，端然正己，不为物倾侧，夫是之谓诚君子。

——《荀子·非十二子》

解字说文

解字 见污：被人污毁。

说文 君子能够做到使自己值得尊重，但不能做到使别人一定尊重自己；能够做到自己值得信任，却不能做到使别人一定信任自己；能够做到使自己成为可用的人，却不能做到使别人一定任用自己。所以君子以自己的品德不高尚为耻辱，而不把被人污蔑当作耻辱；以自己不讲信用为耻辱，而不把没有被人信任为耻辱；把自己无能看作耻辱，而不把没有被人任用看作耻辱。所以，他不为赞誉所诱惑，不被诽谤所吓倒，遵循礼义的大道理而行，端端正正地修整自己的言行，不被外界的事物所动摇，这才叫真正的君子。

③

天行不信，不能成岁；地行不信，草木不大。春之德风，风不信，其华不盛，华不盛则果实不生。夏之德暑，暑不信，其土不肥，土不肥则长遂不精。秋之德雨，雨不信，其谷不坚，谷不坚则五种不成。冬之德寒，寒不信，其地不刚，地不刚则冻闭不开。天地之大，四时之化，而犹不能以不信成物，又况乎人事？

——《吕氏春秋·贵信》

解字说文

说文 天的运行不诚信，就不能形成岁时；地的运行不诚信，草木就不能长大。春天的特征是风，风不守诚信，就不能按时到来，花就不能盛开，花不能盛开那么果实就不能生长。夏天的特征是炎热，炎热不守诚信，就不能按时到来，土地就不肥沃，土地不肥沃那么植物生长成熟的情况就不好。秋天的特征是雨，雨不守诚信，就不能按时降下，谷粒就不坚实饱满，谷粒就不坚实饱满那么五谷就不能成熟。冬天的特征是寒冷，寒冷不守诚信，就不能按时到来，地就冻得就不坚固，地冻得不坚固那么就不能冻开裂缝。天地如此之大，四时如此变化，尚且不能不遵循诚信生成万物，更何况人事呢？

④

夫信者，人君之大宝也。国保于民，民保于信。非信无以使民，非民无以守国。是故古之王者不欺四海，霸者不欺四邻，善为国者不欺其民，善为家者不欺其亲。不善者反之：欺其邻国，欺其百姓，甚者欺其兄弟，欺其父子。上不信下，下不信上，上下离心，以至于败。所利不能药其所伤，所获不能补其所亡，岂不哀哉！昔齐桓公不背曹沫之盟，晋文公不贪伐原之利，魏文侯不弃虞人之期，秦孝公不废徙木之赏。此四君者，道非粹白，而商君尤称刻薄，又处战攻之世，天下趋于诈力，犹且不敢忘信以畜其民，况为四海治平之政者哉！

——《资治通鉴》卷二

解字说文

解字 粹：纯、无杂。

说文 诚信是君主至为重要的法宝。国家靠人民来保卫，百姓被诚信保护。君主不讲信誉无法使百姓服从，没有百姓便无法维持国家。所以古代成就王道者不欺骗天下百姓，建立霸业者不欺骗四方邻国，善于治国者不欺骗人民，善于治家者不欺骗亲人。只有蠢人才反其道而行之：欺邻国，骗百姓，甚至欺骗兄弟、父子。在上位者不相信在下位者，在下位者不相信在上位者，上下互不信任，离心离德，以至一败涂地。靠欺骗所占的一点儿便宜弥补不了所造成的伤害，所得到的远远少于失去的，这难道不令人痛心！当年齐桓公不违背曹沫以胁迫手段订立的盟约，晋文公不贪图攻打原国的利益，魏文侯不背弃与山野之人打猎的约会，秦孝公不收回对移动木杆之人的重赏，这四位君主的治国之道尚称不上完美，而商鞅可以说是过于刻薄了，但他们处于征战攻伐的乱世，天下尔虞我诈、斗智斗勇之时，尚且不敢忘记以诚信来收服人民之心，何况作为太平盛世时候的执政者呢！

阅读拓展

移木建信

令既具，未布，恐民之不信，已乃立三丈之木于国都市南门，募民有能徙置北门者予十金。民怪之，莫敢徙。复曰"能徙者予五十金"。有一人徙之，辄予五十金，以明不欺。卒下令。　　——《史记·商君列传》

大意：

战国时期，商鞅主持秦国变法，为取信于民，于城南门立了一根木头，并说只要有人将此木搬到北门，就奖赏十金，无人敢应。后加至五十金，果然"重赏之下必有勇夫"，有人在重赏的诱惑下将此木搬到北门。商鞅如约给了搬木者五十金。秦国的民众得知此事，都认为商鞅变法，令必行，禁必止，所以无论贵贱老幼，皆听令于法，人人遵守商鞅的"奖励耕战"之法，因此秦国国力日益强盛。

● 言而有信

①

不讹不孚，忠之至也。不欺弗知，信之至也。忠积则可亲也，信积则可信也。忠信积而民弗亲信者，未之有也。至忠如土，化物而不伐；至信如时，毕至而不结。忠人无讹，信人不倍。君子如此，故不忘生，不倍死也。

太久而不渝，忠之至也。陶而睹常，信之至也。至忠无讹，至信不倍，夫此之谓此。大忠不说，大信不期。不说而足养者，地也。不期而可遇者，天也。似天地也者，忠信之谓此。

口惠而实弗从，君子弗言尔；心疏而貌亲，君子弗申尔。故行而争悦民，君子弗由也。三者，忠人弗作，信人弗为也。

忠之为道也，百工不楛，而人养皆足。信之为道也，群物皆成，而百善皆立。君子其施也忠，故恋亲附也；其言尔信，故但而可受也。忠，仁之实也。信，义之期也。是故古之所以行乎闾喽者，如此也。

——《郭店楚简·忠信之道》

解字说文

解字 讹：谣言。孚：信。知：通"智"。伐：夸耀。渝：改变。期：约定时间。楛：不坚固，不精致。

说文 不欺诈不守信用的人，忠便达到极致了；不欺骗不聪明的人，诚信就达到极致了。忠的事情做得多了，便易于被人亲近；守信的事情做得多了，便易于让人信任。忠信之事做了很多，却不被百姓亲近和信任，这样的事是从来没有过的。忠达到极致就像土一样，变化万物而不自恃其功；信达到极致就像四时一样，依序运行而没有事先的约定。忠实的人从不欺诈别人，诚信的人从不违背诺言。有道德的君子就是这样，所以他不忘记活着的人，也不背弃死去的人。

历久而不改初衷，忠便达到极致了。长养化育而不改其常，信便达到极致了。忠达到极致则无欺诈，信达到极致则无背弃，说的就是这个意思。大忠无言，大信不约，无言却能长养万物的是地。不约却能相遇的是天。像天地一样，说的就是忠信。

只是嘴上说说而实际上却做不到，这样的话君子不说；心里很疏远却表面上很亲近，这样的事君子不做。所以，通过行为来取悦于百姓，君子从不如此。以上三个方面，忠实的人不这样做，诚信的人也不这样做。

假若以忠诚为行事的原则，工匠们便不出废品，那么人们便会获得充足的给养。假若以诚信为行事的原则，万物都会有所成就，那么各种好的事情都能得以确立。君子假若能做到忠，那么百姓都会亲近他并前来归附；君子假若能做到言而有信，那么就会得到百姓的信任。忠，是仁的本质。信，是义的限度。所以，这就是古人遵行忠信之道的原因。

信者行之基，行者人之本。人非行无以成，行非信之无以立。故信之行于人，譬济之须舟也；信之于行，犹舟之待楫也。将涉大川，非舟何以济之？欲泛方舟，非楫何以行之？今人虽欲为善而不知立行，犹无舟而济川也；虽欲立行而不知立信，犹无楫而行舟也；是适郢土而首冥山，背道愈远矣。

——《刘子·履信》

解字说文

解字 济：渡，过河。涉：步行过水。适：往。

说文 诚信是品行的基础，品行是做人的根本。人不修养品行就无法取得成就，品行不诚信就无法立身处事。因此，诚信的品行对于人来说，就像渡河时必须用的船一样；诚信对于品行来说，就像船上待用的船桨一样。要渡过大河，没有船怎么能渡过去？要行船，没有船桨怎么能行船？现在的人虽欲提升道德但忽略诚信，正好似无船而想渡河，虽欲建德修行但不知坚守诚信，正好似无船桨而行船。如果离开了诚信，而去谈什么立身处世，那就是南辕北辙，背道而驰了。

阅读拓展

烽火戏诸侯

褒姒不好笑，幽王欲其笑万方，故不笑。幽王为烽燧大鼓，有寇至则举烽火。诸侯悉至，至而无寇，褒姒乃大笑。幽王说之，为数举烽火。其后不信，诸侯益亦不至。

——《史记·周本纪》

大意：

周幽王有个宠妃叫褒姒，为博取她的一笑，周幽王下令在都城附近二十多座烽火台上点起烽火。烽火是边关报警的信号，只有在外敌入侵需召诸侯来救援的时候才能点燃。结果诸侯们见到烽火，率领兵将们匆匆赶到，等到弄明白这是君王为博妃子一笑而出的花招后愤然离去。褒姒看到平日威仪赫赫的诸侯们手足无措的样子，终于开心一笑。就这样周幽王为博得褒姒一笑，又多次点燃烽火。五年后，西夷犬戎大举攻周，幽王烽火再燃而诸侯未到——谁也不愿一次又一次上当。周幽王被杀死，西周也就从此灭亡了。

三　诚信为本

①

君子养心莫善于诚，致诚则无它事矣，唯仁之为守，唯义之为行。诚心守仁则形，形则神，神则能化矣；诚心行义则理，理则明，明则能变矣。变化代兴，谓之天德。天不言而人推高焉，地不言而人推厚焉，四时不言而百姓期焉。夫此有常，以至其诚者也。君子至德，嘿然而喻，未施而亲，不怒而威。夫此顺命，以慎其独者也。善之为道者，不诚则不独，不独则不形，不形则虽作于心，见于色，出于言，民犹若未从也，虽从必疑。天地为大矣，不诚则不能化万物；圣人为知矣，不诚则不能化万民；父子为亲矣，不诚则疏；君上为尊矣，不诚则卑。夫诚者，君子之所守也，而政事之本也。唯所居以其类至，操之则得之，舍之则失之。操而得之则轻，轻则独行，独行而不舍则济矣。济而材尽，长迁而不反其初则化矣。

——《荀子·不苟》

解字说文

解字 致：极致。化：迁善。嘿然：沉默无言的样子。独：慎独。疏：远。操：持。济：成功。

说文 君子修养身心莫过于至诚了，做到至诚的境界就没有其他的事情了，只要保持一颗仁爱之心，只要奉行道义就行了。真心实意地坚持仁德，仁德就会在行为上表现出来，仁德在行为上表现出来，见之于外，他人便尊之如神，就能感化别人了；真心实意地奉行道义，就会变得有条理，简明而易知，所以能变改其恶。"变"与"化"的相互交替出现，改造感化轮流起作用，这叫做天德。上天不说话而人们都推崇它的高远，大地不说话而人们都推崇它的深厚，四季不说话而人们都能预知春、夏、秋、冬的季节变化：这些都是有了规律，让人感到达到至诚的境界。君子有了极高的德行，虽沉默不言，人们也都明白；不施恩惠人们也愿意亲近他；不用发怒就很威严；这是因为君子顺从了天道，因而能在独自一人时也谨慎不苟。君子之道是这样改造感化人的：如果不真诚，就不能慎独；不能慎独，道义就不能在日常行动中表现出来；道义不能在日常行动中表现出来，那么即使发自内心，表现在脸色上，发表在言论中，人们仍然不会顺从他；即使顺从他，也一定迟疑不决。天地是最大的，不真诚就不能化育万物；圣人是明智的，不真诚就不能感化万民；父子之间是亲密的，不真诚就会关系疏远；君主是尊贵的，不真诚就不会受到尊重。诚信，是君子的操守，同时也是政事的根本。只有真诚，同类才会聚拢来；保持真诚，才会获得同类；丢掉真诚，就会失去同类。保持真诚并获得了同类，那么感化他们就容易了；感化他们容易了，那么慎独的风气就能流行了；慎独的风气流行了再紧抓不放，那么所作的事情就会成功了。事情成功了，事业成功就能使才能得到充分地发挥，经过长期的变迁也不再回返到它最初的性状，这就是变化了。

②

学者不可以不诚，不诚无以为善，不诚无以为君子。修学不以诚，则学杂；为事不以诚，则事败；自谋不以诚，则是欺其心而自弃其忠；与人不以诚，则是丧其德而增人之怨。

——《河南程氏遗书》卷二十五

解字说文

解字 学杂：学业不专。

说文 君子必须坚持诚信为本，品格、言行都要发自内心，否则君子无法修身至于至善；修习学业不诚则学业不专而无收获；做事不以诚则徒劳无功；自谋不诚信则自欺欺人而丧失忠实；与人交往不诚信则丧失德行并且产生隔阂。

阅读拓展

一诺千金

楚人曹丘生，辩士，数招权顾金钱。事贵人赵同等，与窦长君善。季布闻之，寄书谏窦长君曰："吾闻曹丘生非长者，勿与通。"及曹丘生归，欲得书请季布。窦长君曰："季将军不说足下，足下无往。"固请书，遂行。使人先发书，季布果大怒，待曹丘。曹丘至，即揖季布曰："楚人谚曰'得黄金百斤，不如得季布一诺'，足下何以得此声于梁楚闲哉？且仆楚人，足下亦楚人也。仆游扬足下之名于天下，顾不重邪？何足下距仆之深也！"季布乃大说，引入，留数月，为上客，厚送之。季布名所以益闻者，曹丘扬之也。 ——《史记·季布列传》

大意：

秦汉之间，楚国有一个叫季布的人，性情耿直，为人行侠仗义。只要是他答应过的事情，无论有多大困难，都设法办到，受到大家的赞扬。楚汉相争时，季布是项羽的部下，曾几次献策，使刘邦的军队吃了败仗。刘邦当了皇帝后，想起这事，就气恨不已，下令通缉季布。

这时敬慕季布的人，都在暗中帮助他。不久，季布经过化装后到山东一家姓朱的人家当佣工。朱家明知他是季布，仍收留了他。后来，朱家又到洛阳去找刘邦的老朋友汝阴侯夏侯婴说情。刘邦在夏侯婴的劝说下撤消了对季布的通缉令，还封季布做了郎中，不久又改做河东太守。有一个季布的同乡人曹丘生，专爱结交有权势的官员，借以炫耀和抬高自己，季布一向看不起他。听说季布又做了大官，他就马上去见季布。季布听说曹丘生要来，就虎着脸，准备发落几句话，让他下不了台。谁知曹丘生一进厅堂，不管季布的脸色多么阴沉，话语多么难听，立即对着季布又是打躬，又是作揖，要与季布拉家常叙旧，并吹捧说："我听到楚地到处流传着'得黄金千两，不如得季布一诺'这样的话，您怎么能有这样好的名声传扬在梁、楚两地的呢？我们既是同乡，我又到处宣扬您的好名声，您为什么不愿见到我呢？"季布听了曹丘生的这番话，心里顿时高兴起来，留下他住了几个月，并作为贵客招待。临走，还送给他一笔厚礼。后来，曹丘生又继续替季布到处宣扬，季布的名声也就越来越大了。

第八单元 礼 敬

一 不知礼，无以立

①

子曰："不知命，无以为君子也；不知礼，无以立也；不知言，无以知人也。"

——《论语·尧曰》

解字说文

解字 知言：善于分析别人的言语，辨其是非善恶。

说文 孔子说："不懂得命运，不可能成为君子；不懂得礼，没法立足于社会；不懂得分辨他人的言语，不可能认识人。"

②

礼有三本：天地者，生之本也；先祖者，类之本也；君师者，治之本也。无天地，恶生？无先祖，恶出？无君师，恶治？三者偏亡，焉无安人。故礼，上事天，下事地，尊先祖而隆君师，是礼之三本也。

——《荀子·礼论》

🔖 解字说文

解字 类：种族，族类。恶：何，怎么。偏亡：缺一方面。

说文 礼有三个根本：天地是生命的根本；先祖是族类的根本；君主与师长是国家安定的根本。没有天地，怎么会有生命？没有先祖，人从哪里来？没有君主与师长，天下怎么太平？这三者缺少一个方面，人们就无法安宁。所以，礼对上用来祭天，对下用来祭地，尊崇先祖而推重君主与师长，这是礼的三个根本。

③

礼之敬文也，乐之中和也，诗书之博也，春秋之微也，在天地之间者毕矣。君子之学也，入乎耳，箸乎心，布乎四体，形乎动静；端而言，蝡而动，一可以为法则。小人之学也，入乎耳，出乎口；口耳之间，则四寸耳，曷足以美七尺之躯哉！古之学者为己，今之学者为人。君子之学也，以美其身；小人之学也，以为禽犊。

——《荀子·劝学》

🔖 解字说文

解字 箸：通"贮"，积贮。端：通"喘"，小声说话的样子。蝡：同"蠕"，慢慢行动的样子。曷：何，怎么。

说文 《礼经》的恭敬节文，《乐经》的中正和谐，《诗经》《尚书》的广博，《春秋》的微言大义，这些典籍囊括了天地间一切事物。君子学习知识，要把所学听入耳中，牢记在心，融会贯通到整个身心，并表现在一举一动上；端庄地说话，和缓地行动，都可以成为别人学习的榜样。小人学习，只不过是从耳中听进去，从口中说出来。嘴巴与耳朵间的距离不过四寸而已，这样怎么可以美化自己的七尺之躯呢？古时候的学者，学习是为了提高自己；现在的学者，学习是为了给别人看。君子的学习，是用它来修正自己的身心；小人的学习，不过是为了干禄进身，求取功名。

④

是以君子恭敬、撙节、退让以明礼。鹦鹉能言，不离飞鸟；猩猩能言，不离禽兽。今人而无礼，虽能言，不亦禽兽之心乎？

——《礼记·曲礼》

解字说文

解字 撙节：节制。

说文 因此君子保持恭敬、节制、退让的态度来彰显礼。鹦鹉虽然能学人说话，但终究不过是一种飞鸟；猩猩虽然也能说话，但终究不过是一种禽兽。而今要是作为人却不知礼，虽然能说话，难道不也是禽兽之心吗？

阅读拓展

鲁昭公不知礼

公如晋，自郊劳至于赠贿，无失礼。晋侯谓女叔齐曰："鲁侯不亦善于礼乎？"对曰："鲁侯焉知礼！"公曰："何为？自郊劳至于赠贿，礼无违者，何故不知？"对曰："是仪也，不可谓礼。礼所以守其国，行其政令，无失其民者也。今政令在家，不能取也；有子家羁，弗能用也；奸大国之盟，陵虐小国；利人之难，不知其私。公室四分，民食于他。思莫在公，不图其终。为国君，难将及身，不恤其所。礼之本末将于此乎在，而屑屑焉习仪以亟。言善于礼，不亦远乎？"君子谓叔侯于是乎知礼。

——《左传·昭公五年》

大意：

鲁昭公去晋国，从郊外慰劳一直到赠送礼品，从没有失礼。晋平公对女叔齐说："鲁侯不也是很懂礼吗？"女叔齐回答说："鲁侯哪里懂得礼！"晋平公说："为什么？从郊外慰劳一直到赠送礼品，都中规中矩，十分优雅，没有违背礼仪，为什么说他不懂得礼？"女叔齐回答说："这是仪式，不能说是礼。礼，是用来保有国家、推行政令，不失去百姓的。现在政令在于私家，不能拿回来；贤人被私家羁绊，不能任用。触犯大国的盟约，欺侮虐待小国。利用别人的危难，却不知道自己也有危难。公室的军队一分为四，百姓靠三家大夫生活。民心不在国君，国君不考虑后果。作为一个国君，危难将要到他身上，却不去忧虑他的地位。礼的根本和枝节在于此，他却琐琐屑屑地急于学习仪式。说他懂得礼，不是还有很大差距吗？"君子认为女叔齐是真正懂得礼的。

二 恭而有礼

①

林放问礼之本。子曰："大哉问！礼，与其奢也，宁俭；丧，与其易也，宁戚。"

——《论语·八佾》

🔧 解字说文

解字 易：仪文周到。

说文 林放问礼的根本是什么。孔子说："你问的问题意义重大啊！礼，与其铺陈奢华，不如简朴节俭；丧事，与其仪式周到，不如真正哀伤。"

②

　　司马牛忧曰："人皆有兄弟，我独亡。"子夏曰："商闻之矣：死生有命，富贵在天。君子敬而无失，与人恭而有礼。四海之内，皆兄弟也。君子何患乎无兄弟也？"

——《论语·颜渊》

🕮 解字说文

　　解字　亡：没有。

　　说文　司马牛忧愁地说："别人都有兄弟，唯独我没有。"子夏说："我听说过：'死生听之命运，富贵由天安排。'君子只要对待所做的事情严肃认真，不出差错，对待他人恭敬而合乎礼制。那么，天下人就都是自己的兄弟了。君子何愁没有兄弟呢？"

③

　　子曰："教民亲爱，莫善于孝。教民礼顺，莫善于悌。移风易俗，莫善于乐。安上治民，莫善于礼。礼者，敬而已矣。故敬其父，则子悦；敬其兄，则弟悦；敬其君，则臣悦；敬一人，而千万人悦。所敬者寡而悦者众，此之谓要道也。"

——《孝经·广要道》

🕮 解字说文

　　解字　寡：少。

　　说文　孔子说："教育人民相亲相爱，没有比倡导孝道更好的了。教育人民礼貌和顺，没有比悌道更好的了。改变旧习俗，树立新风尚，没有比用音乐教化更好的了。要使国家安定，人民顺服，没有比用礼教更好的了。所谓的礼，也就是尊敬而已。所以尊敬他的父亲，其儿子就会喜悦；尊敬他的兄长，其弟弟就会高兴；尊敬他的君王，其臣下就会高兴。尊敬一个人，却能使千万人感到高兴。所尊敬的虽然只是少数人，为之喜悦的人却有许许多多，这就是所谓的要道。"

④

礼者，谨于治生死者也。生，人之始也；死，人之终也；终始俱善，人道毕矣。故君子敬始而慎终，终始如一，是君子之道、礼义之文也。

——《荀子·礼论》

解字说文

解字 谨：谨慎，郑重。

说文 礼，是谨严于处理生死的。生存，是人生的开始；死亡，是人生的终结；终结和开始都能够以礼处之，得到完善，就算完成人道了。所以君子敬畏生命而慎重对待死亡，始终如一，这就是君子的道义、礼义的内容。

阅读拓展

魏文侯以子夏为师

自孔子卒后，七十子之徒散游诸侯，大者为师傅卿相，小者友教士大夫，或隐而不见。故子路居卫，子张居陈，澹台子羽居楚，子夏居西河，子贡终于齐。如田子方、段干木、吴起、禽滑釐之属，皆受业于子夏之伦，为王者师。是时独魏文侯好学。 ——《史记·儒林列传》

立功名亦然，要在得贤。魏文侯师卜子夏，友田子方，礼段干木，国治身逸。天下之贤主，岂必苦形愁虑哉？执其要而已矣。

——《吕氏春秋·察贤》

大意：

孔子去世后，他的学生分散到各国去，影响大的学生担任各国国君的老师和卿大夫，影响小的也教授各国士大夫或与之交游，有的学生则隐居起来，不再施展自己的才能。所以子路生活在卫国，子张生活在陈国，澹台子羽生活在楚国，子夏生活于河西，子贡终老齐国。像田子方、段干木、吴起、禽滑釐这些人，都是子夏的学生，他们都当了诸侯国君的老师。当时，天下国君只有魏文侯好学。

建立功业，扬名后世，道理是一样的，关键在于能得到有德有才的人辅佐。魏文侯请子夏为师，与田方子交游，礼遇段干木，国家治理得好而且身体还不劳累。天下英明国君，何必一定要苦身焦虑呢？抓住要害就可以了。

三 克己复礼

①

颜渊问仁。子曰："克己复礼为仁。一日克己复礼，天下归仁焉。为仁由己，而由人乎哉？"颜渊曰："请问其目？"子曰："非礼勿视，非礼勿听，非礼勿言，非礼勿动。"颜渊曰："回虽不敏，请事斯语矣。"

——《论语·颜渊》

解字说文

解字 目：具体的条目。事：从事，实行。

说文 颜渊问怎样做才是仁。孔子说："约束自己使自己符合礼的规定就是仁。一旦这样做了，天下的人都会称许你是仁人。实行仁德，完全在于自己，难道还在于别人吗？"颜渊说："请问具体怎么做？"孔子说："不合于礼的不要看，不合于礼的不要听，不合于礼的不要说，不合于礼的不要做。"颜渊说："我虽然愚笨，也要照您的这些话去做。"

②

遇君则修臣下之义，遇乡则修长幼之义，遇长则修子弟之义，遇友则修礼节辞让之义，遇贱而少者则修告导宽容之义。无不爱也，无不敬也，无与人争也，恢然如天地之苞万物。

——《荀子·非十二子》

🔖 解字说文

解字 修：讲求，实行。告导：劝告，诱导。恢然：广大的样子。苞：同"包"。

说文 面对君主就修行臣子之道，面对乡亲就讲求长幼之道，面对兄长就遵行子弟之道，面对朋友就讲求礼节谦让之道，面对卑下而又年少的人就实行教导宽容之道。（对待旁人）没有不爱护的，没有不尊敬的，从不与人争执，心胸宽广得就像天地包容万物那样。

③

恭敬，礼也；调和，乐也；谨慎，利也；斗怒，害也。故君子安礼、乐、利，谨慎而无斗怒，是以百举不过也。小人反是。

——《荀子·臣道》

🔖 解字说文

说文 恭恭敬敬，就是礼节；协调和谐，就是音乐；谨慎小心，就是利益；争斗发怒，就是祸害。君子喜爱礼节、音乐、利益，谨慎小心而不争斗发怒，因此一切举动都不犯过错。小人则与此相反。

④

君子曰："无节于内者，观物弗之察矣。欲察物而不由礼，弗之得矣。"故作事不以礼，弗之敬矣；出言不以礼，弗之信矣。故曰：礼也者，物之致也。

——《礼记·礼器》

解字说文

说文 君子说："如果内心没有体验，观察事物就不会明白。要想把事物观察明白而不借助于礼，就不可能达到目的。"所以，不按礼来办事，就不能赢得人们的尊敬；不按礼来说话，就不能取得人们的信任。所以说：礼是一切事物的准则。

阅读拓展

是可忍也，孰不可忍也

孔子谓季氏："八佾舞于庭，是可忍也，孰不可忍也？"

——《论语·八佾》

大意：

佾是奏乐舞蹈的行列，也是表示社会地位的乐舞等级、规格。一佾指一列八人，八佾则指八列六十四人。按周礼规定，天子用八佾，诸侯用六佾，卿大夫用四佾，士用二佾。春秋末期，奴隶制社会土崩瓦解，礼崩乐坏，僭越周礼、犯上作乱的事情不断发生，尤其是那些有权有势的卿大夫自行其是，越制享受。季氏是正卿，只能用四佾，他却用八佾舞于庭院，是典型的破坏周礼的行为。孔子对于这种破坏周礼等级的僭越行为极为不满，因此，在议论季氏时说："在他的家庙的庭院里用八佾奏乐舞蹈，对这样的事情也能够容忍，还有什么事情不能够容忍呢？"孔子维护周礼，是为了社会稳定，但他维护不了，礼崩乐坏乃大势所趋。孔子去世三年以后，历史就进入几百年战乱的战国时期。

第九单元 笃 行

一 以行为贵

①

博学之，审问之，慎思之，明辨之，笃行之。有弗学，学之弗能弗措也；有弗问，问之弗知弗措也；有弗思，思之弗得弗措也；有弗辨，辨之弗明弗措也；有弗行，行之弗笃弗措也。人一能之己百之，人十能之己千之。果能此道矣，虽愚必明，虽柔必强。

——《中庸》

解字说文

解字 笃行：笃实地践行。弗措：不罢休。

说文 广博地学习、审慎的求问、慎重地思考、清晰地辨别、踏实地实践。除非不学，一旦学了，学不会就不要终止；除非不问，一旦问了，不明白就不要终止；除非不思考，一旦思考了，没有收获就不要终止；除非不辨别，一旦辨别了，不够分明就不要终止；除非不实行，一旦实行了，不够踏实就不要终止。别人用一倍的功夫就能做到的事，我用百倍的功夫同样也可以做到；别人用十倍的功夫就能做到的事，我用千倍的功夫同样也可以做到。如果真能这样，即使愚笨的人也会变得聪明，即使柔弱的人也会变得刚强。

②

不闻不若闻之，闻之不若见之，见之不若知之，知之不若行之，学至于行之而止矣。行之，明也。明之为圣人。圣人也者，本仁义，当是非，齐言行，不失毫厘，无它道焉，已乎行之矣。故闻之而不见，虽博必谬；见之而不知，虽识必妄；知之而不行，虽敦必困。不闻不见，则虽当，非仁也，其道百举而百陷也。

——《荀子·儒效》

🐾 解字说文

解字 已：止。虽博必谬：虽博闻，但必有谬误。识：记住。敦：厚重。

说文 没有听到不如听到，听到不如见到，见到不如知道，知道不如付诸实践。学习知识直到付诸实践才算完成。我们应努力去践履正道，付诸实践，才能明白事理，明白了事理并且躬身实践就是圣人。圣人，以仁义为根本，能恰当地判断是非，能使言行保持一致而丝毫不差，这并没有其他的原因，就在于他能把学到的东西付诸行动罢了。所以听到了而没有见到，即使听到了很多，也必然有谬误；见到了而不理解，即使记住了，也必然虚妄；理解了而不付诸实践，即使知识丰富，也必然会陷入困惑。不去聆听教诲，不去实际考察，即使偶尔做对了，也不算是仁德，这种办法运用一百次会失败一百次，无一例外。

③

　　"及之而后知，履之而后艰"，乌有不行而能知者乎？燔《十四经》之编，无所触发，闻师友一言而终身服膺者，今人益于古人也；耳聒义方之灌，若罔闻知，睹一行之善而中心惕然者，身教亲于言教也。披五岳之图，以为知山，不如樵夫之一足；谈沧溟之广，以为知海，不如估客之一瞥；疏八珍之谱，以为知味，不如庖丁之一啜。

——魏源《默觚·学篇二》

解字说文

　　解字　及：接触，达到，够得上。履：执行，实行。十四经：宋时曾在十三经外加《大戴礼记》，合称十四经。疏八珍之谱：通晓各种佳肴的菜谱。

　　说文　接触了现实后才知道真知，亲自实践后才知道艰难，哪有不亲身躬行实践就能够明白道理的？熟读经典《十四经》，毫无触发，但听了良师益友的一句话就一辈子牢记在心，因为当今之人的言论比古人的言论更实际；耳中充斥着道理的教条式灌输，置若罔闻，目睹一件善行就心中充满敬畏感，因为亲身示范远比言语教导更真切。查阅五岳的地图，自以为了解了山，实际上不如打柴的人上山走一走；谈论大海的广阔，自以为懂得了海，实际上不如做海上贸易的商人在海上望一眼；通晓各种佳肴的菜谱，以为自己知道佳肴的味道了，实际上不如厨师尝一口。

阅读拓展

梁漱溟重行

　　梁漱溟一生注重实践，他自称是"一向喜欢行动而不甘座谈"的人，就像那发誓填海的精卫鸟，一旦认定了行动方向，便颇有"虽千万人吾往矣"的决绝和信念。20世纪30年代，他在山东邹平开展乡村建设运动，试图通过对中国传统文化的反思寻找改造中国、建设中国的道路，通过实践取得了良好成效。尽管后来乡村建设运动后因日本入侵中国而被迫中断，但梁先生重践行的精神影响深远。中国文化的义理不是在课堂谈谈就可以的，而是要在生活中去实践，梁漱溟先生就是这样的一个典范。

二 慎言笃行

①

凡言不合先王，不顺礼义，谓之奸言，虽辩，君子不听。法先王，顺礼义，党学者，然而不好言，不乐言，则必非诚士也。故君子之于言也，志好之，行安之，乐言之。故君子必辩。凡人莫不好言其所善，而君子为甚。故赠人以言，重于金石珠玉；观人以言，美于黼黻文章；听人以言，乐于钟鼓琴瑟。故君子之于言无厌。鄙夫反是，好其实不恤其文，是以终身不免埤污佣俗。

——《荀子·非相》

🔖 解字说文

解字 观：使动用法，使……看。黼（fǔ）黻（fú）文章：古代礼服上的彩色花纹，黑白相间的叫黼，青黑相间的叫黻，青赤相间的叫文，赤白相间的叫章。埤：通"卑"，低。

说文 只要说的话不符合古代圣王的道德原则、不遵循礼义的，就叫作邪说，即使说得动听，君子也不会听从。效法古代圣王，遵循礼义，亲近有学识的人，但是不喜欢谈论，不乐意谈论，那也一定不是个真诚的人。所以君子对于正确的学说，心里喜欢它，行动上一心遵循它，乐意谈论它。所以君子一定是能言善辩的。所有的人没有不喜欢谈论自己所喜欢的东西的，而君子更是这样。所以君子把道理赠送给别人，觉得比赠送金石珠玉还要贵重；把道理展示给别人看，觉得比让人观看礼服上的彩色花纹还要美好；把道理讲给别人听，觉得比让人听钟鼓琴瑟之声还要快乐。所以君子对于道理的谈论永不厌倦。鄙陋的小人与此相反，他们只注重实惠，而忽略文采，因此一辈子也免不了卑陋庸俗。

②

言出于己，不可塞也；行发于身，不可掩也；言行，治之大者，君子之所以动天地也。故尽小者大，慎微者著……积善在身，犹长日加益而人不知也；积恶在身，犹火之销膏而人不见也。非明乎情性察乎流俗者，孰能知乎？此唐、虞之所以得令名而桀、纣之可为悼惧者也。

——《汉书·董仲舒传》

🔖 解字说文

解字 慎：谨慎。著：显著。

说文 话语由自己说出，就不能再去堵塞；行为由自己做出，也无法再来掩盖；言和行是治理国家最重大的条件，君子之所以能感动天地也是因为言行。只有努力做好小的事情，才能干出更大的事业；只有做到在小事上谨慎，德行才能够显著。……积善在自己身上，就好像人日渐长大而自己不觉察；积恶在自己身上，好像灯火消耗灯油一样，人也不容易看出来。不是明晓情性和洞察世俗情况的人，谁能够懂得这种道理呢？这就是唐尧、虞舜得到美名，而夏桀、商纣却使人感到怅惜和恐惧的原因。

③

盖崇德莫大乎安身，安身莫尚乎存正，存正莫重乎无私，无私莫深乎寡欲。是以君子安其身而后动，易其心而后语，定其交而后求，笃其志而后行。然则动者，吉凶之端也；语者，荣辱之主也；求者，利病之几也；行者，安危之决也。故君子不妄动也，动必适其道；不徒语也，语必经于理；不苟求也，求必造于义；不虚行也，行必由于正。夫然，用能免或系之凶，享自天之佑。故身不安则殆，言不从则悖，交不审则惑，行不笃则危。

——《晋书·潘尼传》

🈶 解字说文

解字 崇德：使品德高尚。存正：维护、保持正气、正义。审：慎重，谨慎。

说文 君子的德行修养关键在于安身，安身莫过于持守正义，持守正义莫过于大公无私，大公无私的关键在于清心寡欲。所以，君子先安定其自身然后有所行动；讲话之前一定要将所说的话在心里反复斟酌，权衡利害关系，然后再发表言论；交友时先确定与其交往，建立了感情基础，再有求于人；行动时要先定好自己的目标和志向，然后再努力前进。行动意味着吉凶的开始，话语意味着荣辱的产生，求助意味着利弊两种结果，践行预示着安危并存。鉴于此，君子不能轻举妄动，行动必须符合道义；不能随便开口，言语必须循于道理；不能随便求助，求助必须符合正义；践行不能盲动，必须依于正道。只有这样才能免于凶险的结果。否则，动辄得咎，身不安则产生倦怠，言非礼义则悖乱，交友如果不谨慎则困惑，行动不笃实则危殆。

冬夜读书示子聿

陆游

古人学问无遗力，少壮工夫老始成。

纸上得来终觉浅，绝知此事要躬行。

大意：

古人做学问是不遗余力的，终身为之奋斗。往往从年轻时开始努力，到了老年才取得成功。从书本上得到的知识终归是浅薄的，未能理解知识的真谛；要真正理解书中的深刻道理，必须亲身去躬行实践。

三 知行合一

①

子曰："好学近乎知，力行近乎仁，知耻近乎勇。知斯三者，则知所以修身；知所以修身，则知所以治人；知所以治人，则知所以治天下国家矣。"

——《中庸》

解字说文

解字 知耻：有羞愧感，有改过迁善的勇气。

说文 孔子说："好学不倦就接近智慧了，勉力行善就接近仁德了，知道羞耻就接近勇敢了。知道这三点，就知道怎样修身的道理了，既然知道了怎样修身，就可以知道怎样管理他人的道理了，既然知道了怎样管理他人，就可以知道怎样治理天下国家的道理了。"

②

曾子曰："尊其所闻，则高明矣；行其所知，则光大矣。高明光大，不在于它，在乎加之意而已。"

——《汉书·董仲舒传》

解字说文

解字 尊：尊重，重视。

说文 曾子说："重视所听到的见解，就能变得高明起来；践行自己所知道的道理，就能光大起来。高明光大的关键，在于思想上重视与尊崇道而已。"

③

某尝说，知是行的主意，行是知的功夫；知是行之始，行是知之成。若会得时，只说一个知，已自有行在；只说一个行，已自有知在。古人所以既说一个知，又说一个行者，只为世间有一种人，懵懵懂懂的任意去做，全不解思惟省察，也只是个冥行妄作，所以必说个知，方才行得是；又有一种人，茫茫荡荡悬空去思索，全不肯着实躬行，也只是个揣摸影响，所以必说一个行，方才知得真。此是古人不得已补偏救弊的说话。若见得这个意时，即一言而足，今人却就将知行分作两件去做，以为必先知了，然后能行。我如今且去讲习讨论，做知的工夫，待知得真了，方去做行的工夫，故遂终身不行，亦遂终身不知。此不是小病痛，其来已非一日矣。某今说个知行合一，正是对病的药。又不是某凿空杜撰，知行本体原是如此。

——《传习录》卷上

解字说文

解字　某：自称之词，指代"我"。会得：领会到，明白。懵懵懂懂：糊里糊涂。冥行：暗中瞎走。妄作：胡乱的作。补偏救弊：补正偏失，匡救弊端。凿空：穿凿附会。杜撰：无根据的凭空捏造。

说文　我曾说过：知，是行的主意，行，是知的功夫；知，是行的开始，行，是知的结果。如果深谙知行之理，只要说一个"知"，已经有"行"包含在内；只要说一个行，已有知包含在内。古人之所以既说一个知，又说一个行，是因为世上有一种人，糊里糊涂地蛮干，根本不思考、不琢磨，完全肆意妄为，所以必须对他们说清知的道理，他们才能行得正确。又有一种人，不着边际地凭空去思索，一点也不肯切切实实地亲身实践，那只是无实在根据地空想和臆断，所以必须对他们说一个行，他们才能知得真切。这是古人不得已而补偏救弊的说法。如果能明白这个道理，只说一个"知"或"行"字就足够了。今人却就把知、行分作两回事去做，以为必须先"知"了，然后才能"行"，所以我如今且去讲习讨论，做知的功夫，等到知得真切了，再去做行的功夫。所以就终身不行，也就是终身不知。这种知行观不是小问题，积弊很深，形成已经很久了。我今天提倡"知行合一"，正是对症下药，这又不是我凭空臆造出来，知、行的本体原来就是这样。现在如果知晓我立论的主旨，即使把知行分开说也无关紧要，其实仍是一体。

阅读拓展

大禹躬行治水

尧崩，帝舜问四岳曰："有能成美尧之事者使居官？"皆曰："伯禹为司空，可成美尧之功。"舜曰："嗟，然！"命禹："女平水土，维是勉之。"禹拜稽首，让于契、后稷、皋陶。舜曰："女其往视尔事矣。"

禹乃遂与益、后稷奉帝命，命诸侯百姓兴人徒以傅土，行山表木，定高山大川。禹伤先人父鲧功之不成受诛，乃劳身焦思，居外十三年，过家门不敢入。薄衣食，致孝于鬼神。卑宫室，致费于沟淢。陆行乘车，水行乘船，泥行乘橇，山行乘檋。左准绳，右规矩，载四时，以开九州，通九道，陂九泽，度九山。令益予众庶稻，可种卑湿。命后稷予众庶难得之食。食少，调有馀相给，以均诸侯。禹乃行相地宜所有以贡，及山川之便利。

……于是九州攸同，四奥既居，九山栞旅，九川涤原，九泽既陂，四海会同。六府甚修，众土交正，致慎财赋，咸则三壤成赋。中国赐土姓："祗台德先，不距朕行。"

东渐于海，西被于流沙，朔、南暨，声教讫于四海。于是帝锡禹玄圭，以告成功于天下。天下于是太平治。　　　　　——《史记·夏本纪》

大意：

帝尧在位的时候，滔滔的洪水肆意泛滥，尧派人治水，但没有成功。尧去逝后，帝舜让四岳举荐治水人才，众人推荐大禹来治水，舜便委任禹完成治水的任务。

禹就和伯益、后稷一起奉帝舜之命，命令诸侯百官征集民夫，展开平治水土工作。依山势树立标识，确定高山大川。禹因为父亲鲧治水无功被杀而感到伤痛，因此劳身苦思，在外十三年，三次经过自己家门也不敢进。自己吃穿都很简朴，但对祖先神明的祭祀丰厚尽礼。自己居住的房屋很简陋，但不惜耗巨资于修渠挖沟等水利工程。他赶旱路坐车，走水路坐船，走泥泞的路坐橇，走山路用履底有齿的檋。他经常随身离不开的东西，就是测定平直的水准和绳墨，划定图式的圆规和方矩，用以开划九州，辟通九州道路，修筑九州湖泽堤障，计度九州山岳脉络。同时，他让伯益发放稻种，教群众在湿润的地方种植。还让后稷在百姓缺粮时，发放食物。对于缺粮少食的地方，便从有余粮的地方调济余粮来补其不足，以便使各诸侯国内丰歉均一。禹又巡视各地所特有的物产以定其贡赋，还视察了各地山川的便利情况。

这样，东临大海，西至沙漠，从北方到南方，天子的声威教化达到了四方荒远的边陲。于是舜帝为表彰禹治水有功而赐给他一块黑色圭玉，向天下宣告治水成功。天下从此太平安定。

第十单元 宽容

一 有容乃大

①

《楚书》曰："楚国无以为宝，惟善以为宝。"舅犯曰："亡人无以为宝，仁亲以为宝。"

《秦誓》曰："若有一介臣，断断兮无他技，其心休休焉，其如有容焉。人之有技，若己有之；人之彦圣，其心好之；不啻若自其口出，寔能容之，以能保我子孙黎民，尚亦有利哉！人之有技，媢嫉以恶之，人之彦圣，而违之俾不通，寔不能容，以不能保我子孙黎民，亦曰殆哉！"唯仁人放流之，迸诸四夷，不与同中国。此谓唯仁人为能爱人，能恶人。见贤而不能举，举而不能先，命也；见不善而不能退，退而不能远，过也。好人之所恶，恶人之所好，是谓拂人之性，灾必逮夫身。是故君子有大道，必忠信以得之，骄泰以失之。

——《大学》

解字说文

解字 《秦誓》：《尚书》篇名。彦圣：美好的德行。不啻：不只。寔：同"实"。媢疾：嫉妒。俾：使。迸：同"屏"。

说文 《楚书》说："楚国没有什么可做宝贝，只有善可以作为宝物。"舅犯说："我们流亡在外的人没有什么宝物，只有把仁爱亲属当作宝贝。"

《秦誓》说："倘若有个做臣子的，为人诚实笃厚，他本人虽然没有什么技能，但他心胸宽广，好善容人。他知道别人有一技之长，就好像他自己有这项技艺一样；对待贤明能干的人，他是真心喜欢。他不仅口头上称赞，实际上也能够容纳人。这样能够纳士爱才的臣子，得以重用，必能保我子孙，百姓万民也必然有利啊！如果别人有技能，就嫉妒厌恶；别人有美德，就阻挠压抑，使他不能被重用。这种人不能容纳人，因此不能保护我的子孙与黎民百姓，也实在危险啊！"仁人一定会放逐这种人，把他们驱赶到四方夷族居住的地方，不让他们和我们居住在一个国家。这就是只有仁人，才能够爱护人，才能够厌恶人。见贤人而不能向有关方面举荐，即使举荐也不愿意让贤人位居己身之上，其实还是轻慢贤人啊；发现不好的人却不能斥退，或者虽斥退却不能驱逐到远方，这是过错。爱好人们所厌恶的，却厌恶人们所爱好的，这是违背人的本性，灾难必然降到他的身上。所以，君子要秉持大道，一定靠忠诚信用来取得它，而骄纵奢侈就会失去它。

②

故君子之度己则以绳，接人则用曳。度己以绳，故足以为天下法则矣；接人用曳，故能宽容，因求以成天下之大事矣。故君子贤而能容罢，知而能容愚，博而能容浅，粹而能容杂，夫是之谓兼术。

——《荀子·非相》

解字说文

解字 曳：引导。

说文 君子以准绳来严格要求自己，以引导来对待他人。以准绳来严格要求自己，所以足以成为天下人的楷模；以引导来对待他人，所以能够宽容，并依靠众人来完成天下大事。因此，君子贤明而能宽容德才低劣的人，聪明智慧而能容忍愚蠢的人，渊博而能容忍浅薄的人，纯正而能容忍不纯正的人，这就是所谓容纳各种人的方法。

③

　　昔穆公求士，西取由余于戎，东得百里奚于宛，迎蹇叔于宋，来丕豹、公孙支于晋。此五子者，不产于秦，而穆公用之，并国二十，遂霸西戎。孝公用商鞅之法，移风易俗，民以殷盛，国以富强，百姓乐用，诸侯亲服，获楚、魏之师，举地千里，至今治强。……由此观之，客何负于秦哉？向使四君却客而不内，疏士而不用，是使国无富利之实，而秦无强大之名也。

……

　　臣闻地广者粟多，国大者人众，兵强则士勇。是以太山不让土壤，故能成其大；河海不择细流，故能就其深；王者不却众庶，故能明其德。是以地无四方，民无异国，四时充美，鬼神降福，此五帝、三王之所以无敌也。今乃弃黔首以资敌国，却宾客以业诸侯，使天下之士，退而不敢西问，裹足不入秦，此所谓"借寇兵而赍盗粮"者也。

——《史记·李斯列传》

解字说文

解字 黔首：百姓。赍：送。

说文 从前秦穆公寻求贤士，西边从西戎求得由余，东边从宛地得到百里奚，又从宋国迎来蹇叔，还从晋国招来丕豹、公孙支。这五位贤人，不生在秦国，而秦穆公重用他们，在这些人的帮助下，秦王吞并国家二十多个，最终称霸西戎。秦孝公任用商鞅推行变法，移风易俗，人民因此生活殷实，国家因此富强，百姓乐意为国效力，诸侯亲近归服，战胜楚国、魏国的军队，攻取土地上千里，至今政治安定，国力强盛。……由此看来，客卿哪有什么对不住秦国的地方呢！倘若四位君主拒绝远客而不予接纳，疏远贤士而不加任用，这就会使国家没有丰厚的实力，而让秦国没有强大的名声了。

……

我听说田地广就粮食多，国家大就人口众，武器精良将士就骁勇。因此，泰山不拒绝泥土，所以能成就其雄伟高大；江河湖海不舍弃细流，所以能成就其深远壮阔；有志建立王业的人不嫌弃民众，所以能宣扬德教。因此，土地不分东西南北，百姓不论异国它邦，四季不论春夏秋冬皆充实美好，天地鬼神降赐福运，这就是五帝、三王不可匹敌的缘故。现在却抛弃百姓使之去帮助敌国，拒绝宾客使之去为别的诸侯建功立业，使天下的贤士退却而不敢向西，裹足止步不入秦国，这就叫作"把武器借给敌寇，送粮食给盗贼"啊。

阅读拓展

娄师德"唾面自干"

师德宽厚清慎，犯而不校。与李昭德俱入朝，师德体肥行缓，昭德屡待之不至，怒骂曰："田舍夫！"师德徐笑曰："师德不为田舍夫，谁当为之！"其弟除代州刺史，将行，师德曰："吾备位宰相，汝复为州牧，荣宠过盛，人所疾也，将何以自免？"弟长跪曰："自今虽有人唾某面，某拭之而已，庶不为兄忧。"师德愀然曰："此所以为吾忧也！人唾汝面，怒汝也；汝拭之，乃逆其意，所以重其怒。夫唾，不拭自干，当笑而受之。"

——司马光《资治通鉴》卷二〇五

大意：

唐代娄师德为人宽厚，清廉谨慎，冒犯他也不计较。他与李昭德一同入朝，娄师德身体肥胖行动缓慢，李昭德老等他不来，便怒骂他："乡下佬！"娄师德笑着说："我不做乡下佬，谁应当做乡下佬呢！"他的弟弟授任代州刺史，将要赴任时，娄师德对他说："我已经位居宰相。你现在又做了刺史，恩宠太盛，这一定会招致别人嫉妒，怎么才能免祸呢？"其弟直身而跪说："从今以后，即使有人吐唾沫到我脸上，我自己擦掉它，希望不使兄长担忧。"娄师德说："这恰好是我担忧的！那个人向你吐唾沫，是因为对你发火，你如今擦了它，是违逆他的本意，使他更火上加油了。唾液不擦会自己干掉的，不如笑着来承受它。"这便是"唾面自干"的故事。

二 宽以待人

①

子曰：躬自厚而薄责于人，则远怨矣。

——《论语·卫灵公》

解字说文

解字 躬：自身。

说文 孔子说："多责备自己而少责备别人，便不会招致怨恨。"

②

樊迟从游于舞雩之下，曰："敢问崇德、修慝、辨惑？"子曰："善哉问！先事后得，非崇德与？攻其恶，无攻人之恶，非修慝与？一朝之忿，忘其身以及其亲，非惑与？"

——《论语·颜渊》

解字说文

解字 慝：藏匿。

说文 樊迟跟从孔子在舞雩台下游玩，他说："请问怎样提高自己的品德，怎样消除别人对自己隐藏的怨恨，怎么辨别出哪种是糊涂事呢？"孔子说："问得好！首先付出劳动，然后收获，不是提高品德了吗？批评自己的坏处，不去批评别人的坏处，不就消除无形的怨恨了吗？因为偶然的忿怒，便忘记自己，甚至

③

所谓修身在正其心者，身有所忿懥，则不得其正；有所恐惧，则不得其正；有所好乐，则不得其正；有所忧患，则不得其正。心不在焉，视而不见，听而不闻，食而不知其味。此谓修身在正其心。

所谓齐其家在修其身者，人之其所亲爱而辟焉，之其所贱恶而辟焉，之其所畏敬而辟焉，之其所哀矜而辟焉，之其所敖惰而辟焉。故好而知其恶，恶而知其美者，天下鲜矣。故谚有之曰："人莫知其子之恶，莫知其苗之硕。"此谓身不修，不可以齐其家。

——《大学》

解字说文

解字 忿懥，忿恨发怒。辟：偏爱。贱恶：轻贱，厌恶。哀矜：怜悯。敖惰：骄傲、懈怠。

说文 所谓修身在于端正自己的内心，心中有所愤怒，就不能端正；有所恐惧，就不能端正；有所喜好，就不能端正；有所忧患，就不能端正。心不放在所做的事情上，看见了就像没看见一样，听到了就像没听到一样，吃饭不知道饭的味道。这就是说修身在于端正自己的心。

所谓齐家在于修身，人们对于他所亲爱的人难免有所偏向，对于他所鄙视和厌恶的人难免有所偏向，对于他所畏惧而尊敬的人难免有所偏向，对于他所同情哀怜的人难免有所偏向，对于他所傲慢而懈怠的人难免有所偏向。因此喜欢一个人却知道他的短处，厌恶一个人却知道他的长处的人，天下少有。所以有一句谚语说："人不知道自己孩子的短处，不知道自己庄稼的苗壮。"这就是说身不修就不能整治好自己的家。

④

人虽至愚，责人则明；虽有聪明，恕己则昏。苟能以责人之心责己，恕己之心恕人，不患不至圣贤地位也。

——《宋史·范纯仁传》

解字说文

解字 明：明察。昏：糊涂。

说文 即使是愚笨到了极点的人，要求别人时也是明察的；即使是聪明人，如果宽恕自己那也是糊涂的。如果能用对他人的苛刻标准来要求自己，用宽恕自己的心宽恕别人，不用担心自己达不到圣贤的境界。

阅读拓展

娄师德宽待狄仁杰

狄梁公与娄师德同为相。狄公排斥师德非一日。则天问狄公曰："朕大用卿，卿知所以乎？"对曰："臣以文章直道进身，非碌碌因人成事。"则天久之，曰："朕比不知卿，卿之遭遇，实师德之力。"因命左右取筐箧，得十许通荐表，以赐梁公。梁公阅之，恐惧引咎，则天不责。出于外，曰："吾不意为娄公所涵！而娄公未尝有矜色。"

——王谠《唐语林》

大意：

狄仁杰与娄师德同居宰辅之列，狄仁杰排挤娄师德已经很长时间了。武则天问狄仁杰："我重用你，你知道为什么吗？"狄仁杰回答说："我是以我的才学，用正当的方法取得相位的，并不是碌碌无为靠关系当官。"过了好大一会儿，武则天说："我曾经不了解你，你之所以有今天，是娄师德力荐的结果。"武则天命人从柜子里取出十多道娄师德举荐狄仁杰的奏表，将它交给狄仁杰。狄仁杰读后，诚惶诚恐，连连自责，武则天也就没有斥责狄仁杰。狄仁杰非常惭愧地退下，感叹说："我没想到被娄公的盛德包容，而娄公从来没有流露出一点自大的意思。"

三 和而不流

①

有子曰：“礼之用，和为贵。先王之道，斯为美。小大由之，有所不行。知和而和，不以礼节之，亦不可行也。”

——《论语·学而》

解字说文

说文 有子说：“礼的作用，以凡事都做到恰到好处为可贵。过去圣明君王的治国之道，依礼治国才是最完美的，他们小事大事都做得恰当。但是，如有行不通的地方，就为恰当而求恰当，而不用一定的规矩制度去加以节制，也是行不通的。”

②

子贡问曰：“乡人皆好之，何如？”子曰：“未可也。”“乡人皆恶之，何如？”子曰：“未可也。不如乡人之善者好之，其不善者恶之。”

——《论语·子路》

解字说文

说文 子贡问道：“一乡的人都喜欢他，这个人怎么样？”孔子道：“不好。”

中华传统美德经典诵读 104

子贡又道："一乡的人都厌恶他，这个人怎么样？"孔子道："也不好。不如一乡的好人都喜欢他，一乡的坏人都厌恶他。"

③

子曰：君子矜而不争，群而不党。

——《论语·卫灵公》

解字说文

解字 矜：庄重，自重。争：争执。群：合群。党：结党营私。
说文 孔子说："君子庄敬自守而不争名利，合群友善而不结党营私。"

④

夫人之所常称曰：明君舍己而从人，故其国治以安；暗君违人而专己，故其国乱以危，乃一隅之偏说也，非大道之至论也。凡安危之势，治乱之分，在乎知所从，不在乎必从人也。人君莫不有从人，然或危而不安者，失所从也；莫不有违人，然或治而不乱者，得所违也。若夫明君之所亲任也，皆贞良聪智，其言也，皆德义忠信，故从之则安，不从则危；暗君之所亲任也，皆佞邪愚惑，其言也，皆奸回谄谀，从之安得治，不从之安得乱乎？昔齐桓公从管仲而安，二世从赵高而危；帝舜违四凶而治，殷纣违三仁而乱。故不知所从而好从人，不知所违，而好违人，其败一也。

——徐干《中论·慎所从》

解字说文

解字 佞：巧言善辩。回：邪僻。

说文 通常情况下，人们习惯于认为：贤明君主能够放弃自己的主张而乐于接纳他人的建议，因此便会国泰民安；而昏庸的国君总是独断专行，拒绝臣下的建议，做不到从谏如流，从而导致国家混乱与崩溃。这些论断看似有道理，其实是极其片面的论断，并非安邦定国的至理大道。国家的安危存亡、治乱兴衰关键在于知道应该遵从道义，从道不从君，不一定非要完全放弃自己立场而听从别人。古往今来，无数的兴衰典范与所从不无关系，有的君主对于别人的建议言听计从，但落得国破家亡下的下场，听从别人反而失败了；有的君主，自作主张，听不进他人建议，结果治理国家井井有条，国泰民安，不纳谏反而国家兴盛。如果贤明君主所听从的是有德行的贤良君子，品行高尚，讲究仁义忠信，向君主所谏皆治国之妙道，那么君主听从则会使国家安定；反过来，如果昏庸君主亲近的全是巧言令色、偏僻、昏惑的人，他们只会奉承，从不考虑安邦治国，遇到这样的臣子，国君听从了又怎么能治理好国家呢？不听从国家又怎么会动乱呢？想当年齐桓公遵循管仲的建议带来了齐国的兴盛与春秋称霸，秦二世胡亥听从赵高的建议而导致一代帝国的覆灭，虞舜征讨四凶而平定天下，殷商的纣王违逆"三仁"的建议而导致被武王讨逆，身死国亡。因此听从与否不可一概而论，不知所遵从的道理而盲目的迎合他人，不知该拒绝什么而一意孤行，其结果难以避免一败涂地的命运。

阅读拓展

晏婴与齐景公论和同之辨

齐侯至自田，晏子侍于遄台，予犹（梁丘据）驰而造焉。公曰："唯据与我和夫。"晏子对曰："据亦同也，焉得为和？"公曰："和与同异乎？"对曰："异。和如羹焉，水、火、醯、醢、盐、梅，以烹鱼肉，燀之以薪。宰夫和之，齐之以味，济其不及，以泄其过。君子食之，以平其心。君臣亦然。君所谓可而有否焉，臣献其否以成其可。君所谓否而有可焉，臣献其可以去其否。是以政平而不干，民无争心。故《诗》曰：'亦有和羹，既戒既平。鬷嘏无言，时靡有争。'先王之济五味，和五声也，以平其心，成其政也。声亦如味，一气、二体、三类、四物、五声、六律、七音、八风、九歌，以相成也。清浊、大小、短长、疾徐、哀乐、刚柔、迟速、高下、出入、周疏，以相济也。君子听之，以平其心。心平，德和。故"《诗》曰：'德音不瑕。'今据不然。君所谓可，据亦曰可；君所谓否，据亦曰否。若以水济水，谁能食之，若琴瑟之专一，谁能听之？同之不可也如是。"

——《左传·昭公二十年》

大意：

齐景公打猎回来，晏子在遄台随侍，梁丘据也驾车赶来了。景公说："只有梁丘据与我相和啊！"晏子回答说："梁丘据也不过是同而已，哪里能说是和呢？"景公说："和与同有差别吗？"晏子回答说："有差别。和就像做肉羹，用水、火、醋、酱、盐、梅来烹调鱼和肉，用柴火烧煮。厨师调配味道，使各种味道恰到好处；味道不够就增加调料，味道太重就减少调料。君子吃了这种肉羹，用来平和心性。国君和臣下的关系也是这样。国君认可的见解，但其中也有一些是不合理的，而臣下通过谏诤指出问题所在，使更加合理。当然反过来，国君反对的见解，并不一定不合理，臣子通过建议去除错误主张，纠国君之偏。因此，政事平和而不违背礼了，百姓没有争斗之心。所以《诗经·商颂》中说：'调和的好羹汤，五味俱备又适中。敬献神明来享用，上下和睦不争斗。'先王使五味相互调和，使五声和谐动听，用来平和心性，成就政事。音乐的道理也像味道一样，由一气、二体、三类、四物、五声、六律、七音、八风、九歌各方面相配合而成，由清浊、小大、短长、疾徐、哀乐、刚柔、迟速、高下、出入、周疏各方面相调节而成。君子听了这样的音乐，可以平和心性。心性平和，德行就协调。所以，《诗经·豳风》说：'美好的音乐没瑕疵。'现在梁丘据不是这样。国君认可的，他也认可；国君认为不可以的，他也说不可以。如果用水来调水，谁能吃得下去？如果用琴瑟老弹一个音调，谁能听得下去？同的道理行不通，也就像这样。"

第十一单元 节操

一 浩然正气

①

季康子问政于孔子。孔子对曰："政者，正也。子帅以正，孰敢不正？"

——《论语·颜渊》

解字说文

解字 帅：同"率"，带头，做表率。

说文 季康子向孔子问如何为政。孔子回答说："政就是正的意思。你一身正气，率先垂范，那么谁敢不端正呢？"

②

子曰："其身正，不令而行；其身不正，虽令不从。"

——《论语·子路》

解字说文

说文 孔子说:"统治者自身行为正当,即使不发布命令,事情也行得通;自身行为不正当,即使发布命令,也没有人听从。"

③

(公孙丑问曰):"敢问夫子恶乎长?"

曰:"我知言,我善养吾浩然之气。"

"敢问何谓浩然之气?"

曰:"难言也。其为气也,至大至刚,以直养而无害,则塞于天地之间。其为气也,配义与道;无是,馁也。是集义所生者,非义袭而取之也。行有不慊于心,则馁矣。我故曰,告子未尝知义,以其外之也。必有事焉而勿正,心勿忘,勿助长也。无若宋人然:宋人有闵其苗之不长而揠之者,茫茫然归。谓其人曰:'今日病矣,予助苗长矣。'其子趋而往视之,苗则槁矣。天下之不助苗长者寡矣。以为无益而舍之者,不耘苗者也;助之长者,揠苗者也。非徒无益,而又害之。"

——《孟子·公孙丑上》

解字说文

解字 浩然:盛大的样子。慊(qiè):满足。正:止。闵:担心,忧愁。揠:拔。耘:除草。

说文 公孙丑说："请问老师您长于哪一方面呢？"

孟子说："我善于分析别人的言辞，也善于培养自己的浩然之气。"

公孙丑说："请问什么叫浩然之气呢？

孟子说："这很难用一两句话说清楚。这种气，最伟大，最刚强，用正直去培养它而不损害它，就会充满天地之间。不过，这种气必须与仁义道德相配，否则就会缺乏力量。而且，必须要有经常性的仁义道德蓄养才能生成，而不是靠偶尔的正义行为就能获取的。一旦你的行为问心有愧，这种气就会缺乏力量。所以我说，告子不懂得义，因为他把义看成心外的东西。我们一定要不断地培养义，心中不要忘记义，但也不要一厢情愿地去帮助它生长。不要像宋人一样：宋国有个人嫌他种的禾苗老是长不高，于是到地里把它们一株一株地拔高，累得气喘吁吁地回到家，对他家里人说：'今天可真把我累坏啦！不过，我总算让禾苗一下子就长高了！'他的儿子跑到地里一看，禾苗都枯萎了。天下人不犯这种拔苗助长错误的是很少的。认为培养工作没有益处而放弃不干的，就是只种庄稼不除草的懒汉；违背规律一厢情愿地去帮助庄稼生长的，就是这种拔苗助长的人。这种助长行为不仅没有益处，反而会伤害它。"

④

天下有中，敢直其身；先王有道，敢行其意；上不循于乱世之君，下不俗于乱世之民；仁之所在无贫穷，仁之所亡无富贵；天下知之，则欲与天下共乐之；天下不知之，则傀然独立天地之间而不畏。

——《荀子·性恶》

解字说文

解字 中：中道，正道。俗：习染。傀然：高大的样子。

说文 天下有中正的所在，敢于挺身而出；先王有通明的大道，敢于去贯彻执行。对上不依从于乱世之君，对下不习染于乱世之民。仁道所在之处就无所谓贫穷，仁道所无之处就无所谓富贵；天下人了解自己，就愿与天下人同甘共苦；天下的人不了解自己，就岿然独立于天地之间而无所畏惧。

正气歌

文天祥

天地有正气，杂然赋流形。　下则为河岳，上则为日星。

于人曰浩然，沛乎塞苍冥。　皇路当清夷，含和吐明庭。

时穷节乃见，一一垂丹青。　在齐太史简，在晋董狐笔。

在秦张良椎，在汉苏武节。　为严将军头，为嵇侍中血。

为张睢阳齿，为颜常山舌。　或为辽东帽，清操厉冰雪。

或为出师表，鬼神泣壮烈。　或为渡江楫，慷慨吞胡羯。

或为击贼笏，逆竖头破裂。　是气所磅礴，凛烈万古存。

当其贯日月，生死安足论。　地维赖以立，天柱赖以尊。

三纲实系命，道义为之根。　嗟予遘阳九，隶也实不力。

楚囚缨其冠，传车送穷北。　鼎镬甘如饴，求之不可得。

阴房阗鬼火，春院闭天黑。　牛骥同一皂，鸡栖凤凰食。

一朝蒙雾露，分作沟中瘠。　如此再寒暑，百沴自辟易。

哀哉沮洳场，为我安乐国。　岂有他缪巧，阴阳不能贼。

顾此耿耿存，仰视浮云白。　悠悠我心悲，苍天曷有极。

哲人日已远，典刑在夙昔。　风檐展书读，古道照颜色。

大意：

天地之间正气存，赋予形体杂纷纷。地上江河与山岳，天上日月和繁星。人有正气叫浩然，充塞环宇满盈盈。国运清明太平时，吐露祥和于朝廷。国难当头见气节，永垂青史留美名。齐国太史不惧死，崔杼弑君载史籍；晋国董狐真良史，手握"书法不隐"笔；韩国张良雪国耻，椎杀秦皇遭通缉；苏武留胡十九年，终日手持汉朝节；巴郡太守老严颜，甘愿断头不妥协；晋代侍中名嵇绍，为救国君洒热血；张巡当年谪睢阳，咬牙切齿讨逆贼；常山太守颜杲卿，骂敌骂断三寸舌；辽东管宁"着皂帽"，清操自励若冰雪；诸葛《出师》复汉室，鞠躬尽瘁何壮烈！祖逖渡江誓击楫，奋威慷慨吞胡羯；秀实夺笏击狂贼，贼头破裂直流血。浩然之气多磅礴，志士英名万古存。每当正气贯日月，谁把生死放在心。地靠正气得以立，天靠正气成至尊。三纲靠此得维持，道义以此为本根。可叹我生逢乱世，竟无才力救危亡。被俘仍戴南国帽，囚车押我到北方。折磨摧残何所惧，酷刑只当饮糖浆。牢房死寂见鬼火，春来紧闭黑茫茫。老牛骏马共槽食，鸡窝里面栖凤凰。一旦染病便死亡，枯骨弃野多凄凉。如此恶境囚两载，各种毒害不能伤。牢房阴森令人哀，是我安乐之天堂。岂有智谋与巧计，能防邪毒来伤身。光明磊落忠义心，我视生死如浮云。我心悲伤悠绵绵，好似苍天哪有边？贤哲虽然已远去，榜样令我心更坚。檐下临风展史册，光华照彻我容颜。

小知识 文天祥（1236－1283），初名云孙，字天祥，后换以天祥为名，改字履善，宝祐四年（1256年）中状元后再改字宋瑞，后因住过文山，而号文山。南宋末期吉州庐陵（今江西吉安县）人。理宗宝祐四年（1256年）举进士第一（状元），恭帝德祐元年（1275年），元兵长驱东南下，文于家乡起兵抗元。次年，临安被围，除右丞相兼枢密使，奉命往敌营议和，因坚决抗争被拘，后得以脱逃，转战于赣、闽、岭等地，兵败被俘，坚贞不屈。被俘期间，元世祖以高官厚禄劝降，文天祥宁死不屈，从容赴义，生平事迹被后世称许。著有《文山先生全集》。

二 威武不屈

①

景春曰："公孙衍、张仪岂不诚大丈夫哉？一怒而诸侯惧，安居而天下熄。"孟子曰："是焉得为大丈夫乎？子未学礼乎？丈夫之冠也，父命之；女子之嫁也，母命之。往送之门，戒之曰：'往之女家，必敬必戒，无违夫子！'以顺为正者，妾妇之道也。居天下之广居，立天下之正位，行天下之大道。得志，与民由之；不得志，独行其道。富贵不能淫，贫贱不能移，威武不能屈，此之谓大丈夫。"

——《孟子·滕文公下》

解字说文

解字 淫：淫灭。冠：冠礼。

说文 景春说："公孙衍和张仪难道不是真正的大丈夫吗？他们发起怒来，各国诸侯都很害怕；安静下来，天下就会平安无事。"孟子说："这怎么能叫大丈夫呢？你没有学过礼吗？男子举行加冠礼的时候，父亲给予训导；女子出嫁的时候，母亲给予训导。送她到门口，告诫她说：'到了你家里，一定要恭敬，一定要谨慎，不要违背你的丈夫！'以顺从为最大原则的是妾妇所为。至于大丈夫，则应该住在天下最宽广的房子里，站在天下最正确的位置上，走在天下最光明的大道中。得志的时候，便偕同百姓一同前进；不得志的时候，便独自坚持自己的原则。富贵不能使他骄奢淫逸，贫贱不能使他改变节操，威武不能使他屈服意志，这样才叫作大丈夫。"

②

君子易知而难狎，易惧而难胁，畏患而不避义死，欲利而不为所非，交亲而不比，言辩而不辞。荡荡乎！其有殊于世也。

——《荀子·不苟》

解字说文

解字 知：交接。辞：华丽的文辞。

说文 君子容易结交，但难以狎侮；容易威逼，但难以胁迫；害怕祸患，但不逃避为正义而牺牲；希望得利，但不做自己认为是错误的事；与人结交，亲近而不结党营私；与人言谈，雄辩而又不玩弄文辞。胸怀是多么宽广啊！他和世俗之人是有所不同的。

③

义之所在，不倾于权，不顾于利；举国而与之，不为改视，重死，持义而不桡，是士君子之勇也。

——《荀子·荣辱》

解字说文

解字 桡：同"挠"，屈从。

说文 合乎道义的地方，就不屈服于权势，不顾自己的利益；把整个国家都给他，也不改变观点。虽然看重生命，但坚持正义而不屈不挠，这是士君子的勇敢。

④

入孝出弟，人之小行也；上顺下笃，人之中行也；从道不从君，从义不从父，人之大行也。若夫志以礼安，言以类使，则儒道毕矣。

——《荀子·子道》

解字说文

解字 笃：实。

说文 在家孝敬父母，在外敬爱年长者，这是做人最起码的道德操守；对上顺从，对下厚道，这是做人一般的道德操守；服从正道而不顺从君主，服从道义而不顺从父亲，这是做人的最高准则。如果能根据礼义来安排志向，能根据法度来指导自己的言论，那么儒家之道也就完备了。

阅读拓展

苏武威武不屈其节

单于使卫律召武受辞，武谓惠等："屈节辱命，虽生，何面目以归汉！"引佩刀自刺。卫律惊，自抱持武，驰召医。凿地为坎，置煴火，覆武其上，蹈其背以出血。武气绝半日，复息。惠等哭，舆归营。单于壮其节，朝夕遣人候问武，而收系张胜。武益愈，单于使使晓武，会论虞常，欲因此时降武。剑斩虞常已，律曰："汉使张胜谋杀单于近臣，当死，单于募降者赦罪。"举剑欲击之，胜请降。律谓武曰："副有罪，当相坐。"武曰："本无谋，又非亲属，何谓连坐？"复举剑拟之，武不动。律曰："苏君，律前负汉归匈奴，幸蒙大恩，赐号称王，拥众数万，马畜弥山，富贵如此。苏君今日降，明日复然。空以身膏草野，谁复知之！"武不应。律曰："君因我降，与君为兄弟，今不听吾计，后虽欲复见我，尚可得乎？"武骂律曰："汝为人臣子，不顾恩义，畔主背亲，为降虏于蛮夷，何以汝为见？且单于信女，使决人死生，不平心持正，反欲斗两主，观祸败。南越杀汉使者，屠为九郡；宛王杀汉使者，头县北阙；朝鲜杀汉使者，即时诛灭。独匈奴未耳。若知我不降明，欲令两国相攻，匈奴之祸从我始矣。"

律知武终不可胁，白单于。单于愈益欲降之，乃幽武置大窖中，绝不饮食。天雨雪，武卧啮雪与旃毛并咽之，数日不死。匈奴以为神，乃徙武北海上无人处，使牧羝，羝乳乃得归。别其官属常惠等，各置他所。武既至海上，廪食不至，掘野鼠去草实而食之。杖汉节牧羊，卧起操持，节旄尽落。

——《汉书·苏武传节选》

大意：

单于派卫律召唤苏武来受审讯。苏武对常惠说："丧失气节、玷辱使命，即使活着，还有什么脸面回到汉廷去呢！"说着拔出佩带的刀自刎，卫律大吃一惊，赶紧抱住并扶好苏武，派人骑快马去找医生。医生在地上挖了一个坑，在坑中点燃微火，然后把苏武脸朝下放在坑上，轻轻地敲打他的背部，让淤血流出来。苏武本来已经断了气，这样过了好半天又有了呼吸。常惠等人哭泣着用车子把苏武拉回营帐。单于钦佩苏武的节操，早晚派人探望、询问苏武，而把张胜逮捕监禁起来。

苏武的伤势逐渐好了。单于派使者通知苏武和他一起审问虞常，想借这个机会使苏武投降。剑斩虞常后，卫律说："汉使张胜，谋杀单于亲近的大臣，应当处死。单于招降的人，赦免他们的罪。"举剑要击杀张胜，张胜请求投降。卫律对苏武说："副使有罪，应该连坐到你。"苏武说："我本来就没有参与谋划，又不是他的亲属，怎么谈得上连坐？"卫律又举剑对准苏武，苏武岿然不动。卫律说："苏君！我卫律以前背弃汉廷，归顺匈奴，幸运地受到单于的大恩，赐我爵号，让我称王；拥有奴隶数万，马和其他牲畜满山，如此富贵！苏君你今日投降，明日也是这样。白白地用身体给草地做肥料，又有谁知道你呢！"苏武毫无反应。卫律说："你顺从我而投降，我与你结为兄弟；今天不听我的安排，以后再想见我，还能有机会吗？"苏武痛骂卫律说："你做人家的臣下和儿子，不顾及恩德义理，背叛皇上，抛弃亲人，在异族做投降的奴隶，我为什么要见你！况且单于信任你，让你决定别人的死活，而你却居心不平，不主持公道，反而想要使汉皇帝和匈奴单于二主相斗，旁观两国的灾祸和损失！南越王杀汉使者，结果九郡被平定。宛王杀汉使者，自己头颅被悬挂在宫殿的北门。朝鲜王杀汉使者，随即被讨平。唯独匈奴未受惩罚。你明知道我决不会投降，却想要使汉和匈奴互相攻打。匈奴灭亡的灾祸，将从我开始了！"卫律知道苏武终究不会受胁迫而投降，就将此报告了单于。单于越发想要使苏武投降，就把他囚禁起来，放在大地窖里面，不给他喝的、吃的。天下雪，苏武卧着嚼雪，同毡毛一起吞下充饥，几日不死。匈奴把苏武当作神人，就把他迁移到北海边没有人的地方，让他放牧公羊，说等到公羊生了小羊才能归汉。同时把他的部下及其随从人员常惠等分别安置到别的地方。

苏武迁移到北海后，由于粮食运不到那儿，他只能掘取野鼠所储藏的野生果实来吃。他挂着汉廷的符节牧羊，睡觉、起床都拿着，以致系在符节上的牦牛尾毛全部脱尽。

小知识 苏武（前 140－前 60），字子卿，西汉大臣，杜陵（今陕西西安东南）人。武帝时为郎。天汉元年（前 100 年）奉命以中郎将持节出使匈奴，被扣留。匈奴贵族多次威逼利诱，欲使其投降，终无功而返。后将他迁到北海（今贝加尔湖）边牧羊，匈奴扬言要公羊生子方可释放他回国。苏武历尽艰辛，留居匈奴十九年持节不屈。至始元六年（前81 年），方获释回汉。苏武死后，汉宣帝将其列为麒麟阁十一功臣之一，以褒扬其节操。

三 舍生取义

①

子曰："志士仁人，无求生以害仁，有杀生以成仁。"

——《论语·卫灵公》

🔲 解字说文

说文 孔子说："志士仁人，没有因贪生怕死而损害仁德的，只有牺牲生命来成全仁德的。"

②

孟子曰："鱼，我所欲也；熊掌，亦我所欲也；二者不可得兼，舍鱼而取熊掌者也。生亦我所欲也，义亦我所欲也；二者不可得兼，舍生而取义者也。生亦我所欲，所欲有甚于生者，故不为苟得也；死亦我所恶，所恶有甚于死者，故患有所不辟也。"

——《孟子·告子上》

🔲 解字说文

解字 苟：苟且。

说文 孟子说："鱼，是我所喜爱的；熊掌，也是我所喜爱的；如果两者不能同时得到，那么就舍弃鱼而要熊掌。生命是我所喜爱的，道义也是我所喜爱的；如果两者不能同时兼顾，那么就舍弃生命而成全道义。生命是我所喜爱的，但是还有比生命更为我所喜爱的，所以我就不去干苟且偷生的事情。死亡本是我所厌恶的，但是还有比死亡更为我所厌恶的，所以遇到祸患我不躲避。"

③

彼王者不然，仁眇天下，义眇天下，威眇天下。仁眇天下，故天下莫不亲也；义眇天下，故天下莫不贵也；威眇天下，故天下莫敢敌也。以不敌之威，辅服人之道，故不战而胜，不攻而得，甲兵不劳而天下服。是知王道者也。知此三具者，欲王而王，欲霸而霸，欲强而强矣。

——《荀子·王制》

解字说文

解字 眇：高远的意思。辅：辅助。具：条件。

说文 那王者就不是这样，他的仁爱高于天下各国，道义高于天下各国，威势高于天下各国。仁爱高于天下各国，所以天下没有谁不亲近他；道义高于天下各国，所以天下没有谁不尊重他；威势高于天下各国，所以天下没有谁敢与他为敌。以不可抵挡的威势，来辅助使人心悦诚服的仁道，所以不战而胜，不攻而得，不费一兵一甲而天下归服。这是懂得王道的人。懂得了上述或王、或霸、或强之条件的君主，想要称王就能称王，想要称霸就能称霸，想要强大就能强大。

④

夫义者，所以限禁人之为恶与奸者也。今上不贵义、不敬义，如是，则下之人百姓皆有弃义之志而有趋奸之心矣，此奸人之所以起也。且上者，下之师也，夫下之和上，譬之犹响之应声，影之像形也。故为人上者，不可不顺也。夫义者，内节于人而外节于万物者也，上安于主而下调于民者也。内外上下节者，义之情也。然则凡为天下之要，义为本而信次之。古者禹、汤本义务信而天下治；桀、纣弃义倍信而天下乱。故为人上者，必将慎礼义、务忠信然后可。此君人者之大本也。

——《荀子·强国》

解字说文

解字 敬：尊崇。顺：通"慎"，谨慎。节：调节，节制。情：实质，实情。倍：通"背"，背离。

说文 礼义，就是用来限制人们作恶和行奸的。如今，君主不推崇礼义，不尊重礼义，这样，下面的百姓都会有背弃礼义之意，而有趋向奸邪之心了，这就是奸邪之人产生的原因。况且，君主是臣民的表率。臣民附和君主，就好像是回声应和声音，影子跟随形体一样。所以，做君主的不能不谨慎。礼义，对内适合于人，对外适合于万物；对上可以使君主安定，对下可以调和民众，内外上下都得到调节，这就是礼义的实质。因此治理天下的关键，礼义是根本，而信用在其次。在古代，夏禹、商汤立足礼义，务求信用，因而天下大治；夏桀、商纣抛弃礼义、不讲信用，因而天下大乱。所以，君主必须要谨守礼义，务求忠信，然后可以平定治理天下。这是做君主的基本准则。

阅读拓展

饿死不食嗟来之食

齐大饥，黔敖为食于路，以待饿者而食之。有饿者蒙袂辑屦，贸贸然来。黔敖左奉食，右执饮，曰："嗟！来食。"扬其目而视之曰："予唯不食嗟来之食，以至於斯也！"从而谢焉，终不食而死。

——《礼记·檀弓下》

大意:

齐国出现了严重的饥荒。黔敖在路边准备好饭食，以供饥饿的人来吃。有个饥饿的人用衣袖蒙着脸，脚步拖拉，两眼昏昏无神地走来。黔敖左手端着食物，右手端着汤，说道："喂！来吃吧！"那个饥民抬起眼看着他，说："我正因为不吃带有侮辱性的食物，才落得这个地步！"黔敖追上前去向他道歉，他仍然不吃，最终饿死了。

第十二单元 担当

一 仁以为己任

①

子曰："笃信好学，守死善道。危邦不入，乱邦不居。天下有道则见，无道则隐。邦有道，贫且贱焉，耻也；邦无道，富且贵也，耻也。"

——《论语·泰伯》

解字说文

解字 见：同"现"。

说文 孔子说："信仰坚定，喜爱学习，誓死捍卫人间正道。不进入危险的国家，不居住在动乱的国家。天下太平就出来做官，天下不太平就隐居起来。政治清明，自己贫穷且地位低下，这是耻辱；政治黑暗，自己富有且地位尊贵，这也是耻辱。"

②

孟子曰："待文王而后兴者，凡民也。若夫豪杰之士，虽无文王犹兴。"

——《孟子·尽心上》

解字说文

解字 兴：奋发。

说文 孟子说："一定要等待周文王这样的圣君出现而后奋发的，是一般的民众。至于出色的人才，纵使没有周文王这样的圣君出现，也会努力奋发起来。"

③

是以不诱于誉，不恐于诽，率道而行，端然正己，不为物倾侧，夫是之谓诚君子。

——《荀子·非十二子》

解字说文

解字 诽：诽谤，捏造事实。率：遵循。倾侧：偏颇。诚：名副其实。

说文 因此，君子不被荣誉诱惑，也不被诽谤恐吓，遵循着大道而前行，端端正正地修饰自己，不为外界事物而动摇，这样就叫做真正的君子。

④

若夫志意修，德行厚，知虑明，生于今而志乎古，则是其在我者也。故君子敬其在己者，而不慕其在天者；小人错其在己者，而慕其在天者。君子敬其在己者，而不慕其在天者，是以日进也；小人错其在己者，而慕其在天者，是以日退也。故君子之所以日进，与小人之所以日退，一也。君子、小人之所以相县者，在此耳！

——《荀子·天论》

🔖 解字说文

解字 错：同"措"，放置，舍弃。县：同"悬"，悬殊，差别。

说文 至于思想美好，德行敦厚，思虑清明，生在今世而向往古代，这些行为取决于我们自己的主观方面。所以，君子慎重地对待那些取决于自己的事情，而不去羡慕那些取决于上天的东西；小人丢下那些取决于自己的事情，而指望那些取决于上天的东西。君子慎重对待那些取决于自己的事情，而不去羡慕那些取决于上天的东西，因此天天进步；小人丢下那些取决于自己的事情，而指望那些取决于上天的东西，因此天天退步。所以君子天天进步与小人天天退步，道理是一致的。君子、小人相差悬殊的原因，就在这里！

🔖 阅读拓展

智仁勇兼具的吴国使者

荆王伐吴，吴使沮卫、蹶融犒于荆师，而将军曰："缚之，杀以衅鼓。"问之曰："汝来，卜乎？"答曰："卜。""卜吉乎？"曰："吉。"荆人曰："今荆将以汝衅鼓，其何也？"答曰："是故其所以吉也。吴使臣来也，固视将军怒，将军怒，将深沟高垒；将军不怒，将懈怠。今也将军杀臣，则吴必警守矣。且国之卜，非为一臣卜。夫杀一臣而存一国，其不言吉何也？且死者无知，则以臣衅鼓无益也；死者有知也，臣将当战之时，臣使鼓不鸣。"荆人因不杀也。 ——《韩非子·说林下》

大意：

楚王伐吴，吴王派沮卫、蹶融用酒食慰劳楚军。而楚国将军说："把他们捆起来，杀了来祭鼓。"楚人问沮卫、蹶融说："你们来时，占卜过吗？"他们回答说："占卜过。""是吉兆吗？"他们说："是吉兆。"楚人说："现在楚军将要用你们祭鼓，怎么说呢？"他们回答说："这正是吉利的所在了。吴王派我们来的时候，本来就等着将军发怒呐！将军发怒了，吴军将深沟高垒；将军不发怒，吴军将麻痹懈怠。现在将军杀了我们，吴军就一定会警惕起来严加防守了。再说国家的占卜，不是为臣子个人占卜的。杀掉一个臣子而保存一个国家，这不叫吉利，叫什么呢？再说死者无知的话，用我们祭鼓也就没有好处；死者有知的话，我们将在打仗的时候，让楚军战鼓敲不响。"楚人因而没杀他们。

舍我其谁

①

子畏于匡。曰："文王既没，文不在兹乎？天之将丧斯文也，后死者不得与于斯文也；天之未丧斯文也，匡人其如予何？"

——《论语·子罕》

解字说文

解字 畏于匡：匡，地名。畏，拘囚。文王：周文王，姓姬，名昌。兹：这里，指孔子自己。与：掌握。如予何：奈我何，即把我怎么样。

说文 孔子被匡地的人们围困时，他说："周文王去世之后，周代的礼乐文化不都体现在我的身上吗？上天如果想要消灭这种文化，那我也不会掌握这些文化了；上天如果不想消灭这种文化，那么匡人又能把我怎么样呢？"

②

昔者曾子谓子襄曰："子好勇乎？吾尝闻大勇于夫子矣：自反而不缩，虽褐宽博，吾不惴焉；自反而缩，虽千万人，吾往矣。"

——《孟子·公孙丑上》

解字说文

解字　缩：直。惴：使恐惧。

说文　从前，曾子对子襄说："你崇尚勇敢吗？我曾经从孔子那里听到过关于大勇的理论：反躬自问，正义不在我这里，对方纵是平民，我也不去恐吓他；反躬自问，正义确实在我这里，对方纵是千军万马，我也勇往直前。"

③

　　孟子去齐，充虞路问曰："夫子若有不豫色然。前日虞闻诸夫子曰：'君子不怨天，不尤人。'"曰："彼一时，此一时也。五百年必有王者兴，其间必有名世者。由周而来，七百有余岁矣。以其数则过矣，以其时考之则可矣。夫天未欲平治天下也，如欲平治天下，当今之世，舍我其谁也？吾何为不豫哉？"

——《孟子·公孙丑下》

解字说文

解字　豫：快乐。尤：责怪，抱怨。名：名望。

说文　孟子离开齐国，充虞在路上问道："老师您似乎有点不快乐。可是以前我曾听您讲过：'君子不抱怨上天，不责怪别人。'"孟子说："那是一个时候，现在又是一个时候。每五百年就会有一位圣贤君主出现，其中必定还有名望很高的辅佐者。从周武王以来，到现在已经七百多年了。从年数来看，已经超过了五百年；从时势来考察，也正应该是圣君贤臣出来的时候了。大概老天不想使天下太平了吧，如果想使天下太平，在当今这个世界上，除了我，还有谁呢？我为什么不快乐呢？"

天下有道，丘不与易也

　　长沮、桀溺耦而耕。孔子过之，使子路问津焉。长沮曰："夫执舆者为谁？"子路曰："为孔丘。"曰："是鲁孔丘与？"曰："是也。"曰："是知津矣。"问于桀溺。桀溺曰："子为谁？"曰："为仲由。"曰："是孔丘之徒与？"对曰："然。"曰："滔滔者天下皆是也，而谁以易之？且而与其从辟人之士也，岂若从辟世之士哉？"耰而不辍。子路行以告。夫子怃然曰："鸟兽不可与同群，吾非斯人之徒与而谁与？天下有道，丘不与易也。"

——《论语·微子》

大意：

　　长沮、桀溺在一起耕作，孔子路过，让子路去寻问渡口在哪里。长沮问子路："那个拿着缰绳的是谁？"子路说："是孔丘。"长沮说："是鲁国的孔丘吗？"子路说："是的。"长沮说："那他是早已知道渡口的位置了。"子路再去问桀溺。桀溺说："你是谁？"子路说："我是仲由。"桀溺说："你是鲁国孔丘的门徒吗？"子路说："是的。"桀溺说："像洪水一般的坏东西到处都是，谁能去改变它呢？而且你与其跟着躲避人的人，为什么不跟着我们这些躲避社会的人呢？"说完，仍旧继续做田里的农活。子路回来后把情况告诉孔子。孔子很失望地说："人是不能与飞禽走兽合群共处的，如果不同世上的人群打交道还能与谁打交道呢？如果天下太平，我就不会与你们一道来从事改革了。"

② 兼济天下

①

子路问君子。子曰："修己以敬。"曰："如斯
而已乎？"曰："修己以安人。"曰："如斯而已乎？"
曰："修己以安百姓。修己以安百姓，尧舜其犹病诸？"

——《论语·宪问》

🎐解字说文

解字　病：以为不足。

说文　子路问如何才能成为君子。孔子说："修养自己，使自己达到严肃认
真的状态。"子路说："这样就够了吗？"孔子说："修养自己使别人安乐。"
子路说："这样就够了吗？"孔子说："修养自己而使百姓安乐。修养自己而
使百姓安乐，尧舜大概还没有完全做到吧！"

②

孟子谓宋句践曰："子好游乎，吾语子游。人知之，
亦嚣嚣；人不知，亦嚣嚣。"曰："何如斯可以嚣嚣
矣？"曰："尊德乐义，则可以嚣嚣矣。故士穷不失义，
达不离道。穷不失义，故士得己焉；达不离道，故民
不失望焉。古之人，得志，泽加于民；不得志，修身

见于世。穷则独善其身，达则兼善天下。"

——《孟子·尽心上》

🌀解字说文

解字 游：游说。嚣嚣：无欲自得的样子。得己：自得，自得其乐。

说文 孟子对宋句践说："你喜欢游说各国的君主吗？我告诉你游说的态度。别人理解我，我也自得其乐；别人不理解我，我也自得其乐。"宋句践说："要怎样才能够自得其乐呢？"孟子回答道："崇尚道德，喜爱仁义，就可以自得其乐了。所以，士人穷困时，不失掉仁义；得意时，不偏离做人的原则。穷困时不失掉义，所以自得其乐；得意时不偏离做人的原则，所以百姓才不会对他失望。古代的人，得意之时，自己的理想可以通行天下，惠泽普施于百姓；不得意之时，自己的抱负无法施展，修养个人品德，以此表现于世人。不得志的时候，就修养好自己的德行，洁身自好；得志的时候，就让天下人和自己一样有道德修养。"

③

孙卿子曰："儒者法先王，隆礼义，谨乎臣子而致贵其上者也。人主用之，则势在本朝而宜；不用，则退编百姓而悫，必为顺下矣。虽穷困冻馁，必不以邪道为贪；无置锥之地，而明于持社稷之大义；嗛呼而莫之能应，然而通乎财万物、养百姓之经纪。势在人上，则王公之材也；在人下，则社稷之臣、国君之宝也。虽隐于穷阎漏屋，人莫不贵之，道诚存也。……儒者在本朝则美政，在下位则美俗。儒之为人下如是矣。"……孙卿曰："其为人上也，广大矣。志意定乎内，礼节修乎朝，法则度量正乎官，忠信爱利形乎下。行一不义，杀一无罪，而得天下，不为也。此君义信乎人矣，通于四海，则天下应之如欢。是何也？则贵名白而天下治也。故近者歌讴而乐之，远者竭蹶而趋之。四海之内若一家，通达之属，莫不从服。夫是之谓人师。"

——《荀子·儒效》

🎴 解字说文

解字 悫：诚实。冻馁：受冻挨饿。财：通"裁"，管理。穷阎漏屋：阎，通"巷"。漏，同"陋"。修：整顿。竭蹶：形容走路艰难。

说文 荀卿说："儒者，效法先王，尊崇礼义，谨守臣子的职位，非常敬重他的主上。主上任用他，那么他在朝廷就会做一个称职的臣子；不用他，他就退居乡里，做一个朴实恭顺的百姓；即使遇到贫困饥寒，也不以邪道去牟利；贫穷得无立锥之地，却明白遵守国家秩序的大义；他的呼唤虽然没有人响应，可是他却通晓管理万物、养育百姓的纲纪。职位在别人之上，他就是辅佐王公的干才；职位在别人之下，他就是国家的能臣、君主的财宝。他虽然隐居在穷乡僻壤之中，可是人们没有不尊重他的，那是由于他心怀道义啊。……儒者官居朝堂，就施行善政；处在下位，就会使风俗优良。儒者位居人下，就是这种情况。"……荀卿接着说："儒者在位居人上的时候，就伟大极了。他志意安定于本身，礼节修整于朝廷，法则度量公正于官府，忠信爱利表现于民间。做一项不正义的事，杀一个没有罪的人，因而得到天下，儒者是不这样做的。这样君主的道义见信于人民，伸张到四海，天下人就响应得像欢呼一样。这是什么原因呢？是由于儒者名声显著，因而天下人都羡慕他。所以，近处的人们就都歌颂而喜爱他，远处的人们就争先恐后地来归顺他。四海之内就如同一家一样，交通所至之处，没有不服从的。这就是人民的表率。"

碧血丹心谭嗣同

1898 年 9 月 5 日，光绪下诏授给谭嗣同等人四品卿衔，参预新政。次日，光绪又召见谭嗣同，表示自己是愿意变法的，只是太后和守旧大臣阻挠而无可奈何，并说："汝等所欲变者，俱可随意奏来，我必依从。即我有过失，汝等当面责我，我必速改。"光绪变法的决心和对维新派的信赖使谭嗣同非常感动，这让觉得实现自己抱负的机会已经在握。他参政时，维新派与顽固派的斗争已是剑拔弩张。慈禧等人早有密谋，要在 10 月底光绪去天津阅兵时发动兵变，废黜光绪，一举扑灭新政。9 月 18 日，谭嗣同夜访袁世凯，要袁带兵入京，除掉顽固派。袁世凯假惺惺地表示先回天津除掉荣禄，然后率兵入京。袁世凯于 20 日晚赶回天津，向荣禄告密，荣禄密报慈禧太后。21 日，慈禧太后发动政变。慈禧连发谕旨，捉拿维新派。谭嗣同听到政变消息后并不惊慌，他置自己的安危于不顾，多方活动，筹谋营救光绪，但因措施不当，计划均告落空。在这种情况下，谭嗣同决心以自己的牺牲去向封建顽固势力作最后一次反抗。谭嗣同把自己的书信、文稿交给梁启超，让他东渡日本避难，并慷慨地说："不有行者，无以图将来，不有死者，无以酬圣主。"日本使馆曾派人与谭嗣同联系，表示可以为他提供"保护"，他毅然回绝，并对来人说："各国变法无不从流血而成，今日中国未闻有因变法而流血者，此国之所以不昌也。有之，请自嗣同始。"24日，谭嗣同在浏阳会馆被捕。在狱中，他意态从容，镇定自若，写下了这样一首诗："望门投止思张俭，忍死须臾待杜根。我自横刀向天笑，去留肝胆两昆仑。"

9 月 28 日，谭嗣同与其他 5 位志士英勇就义于北京宣武门外菜市口。当他们被杀时，刑场上观看者上万人。他神色不变，临终时还大声说："有心杀贼，无力回天，死得其所，快哉快哉！"充分表现了一位爱国志士舍身报国的英雄气概。

第十三单元 齐 家

一 忠厚家风

①

夫风化者，自上而行于下者也，自先而施于后者也。是以父不慈则子不孝，兄不友则弟不恭，夫不义则妇不顺矣。父慈而子逆，兄友而弟傲，夫义而妇陵，则天之凶民，乃刑戮之所摄，非训导之所移也。

——《颜氏家训·治家》

解字说文

解字 陵：通"凌"，侵犯，欺凌。摄，通"慑"，害怕。移：改变，变化。

说文 道德教化，要从上开始向下推行，要靠前人来影响后人。所以，父母不慈爱儿女，儿女就不孝顺父母；哥哥不友爱弟弟，弟弟也就不尊敬哥哥；丈夫做事不符合道义，妻子就不会温顺。至于父母慈爱儿女，而儿女却要违逆父母；哥哥友爱弟弟，而弟弟对哥哥却非常傲慢；丈夫做事符合道义，而妻子却要欺凌他，那么，他们就是天生穷凶极恶的人，要用刑罚杀戮来使他们畏惧，而不是仅用训诲诱导就能改变的了。

②

为人母者，不患不慈，患于知爱而不知教也。古人有言曰："慈母败子。"爱而不教，使沦于不肖。陷于大恶，入于刑辟，归于乱亡。非他人败之也，母败之也。自古及今，若是者多矣，不可悉数。

——《家范》卷三

解字说文

解字 不肖：不出息，不成器。悉：详尽。

说文 对于做母亲的，不担心她不慈爱自己的子女，担心的是她只懂得疼爱子女而不懂得教育子女。古人曾经说："慈爱的母亲会有败家的儿子。"作为母亲，只知道慈爱子女，却不知道教育他们，这样就会使子女不成材、不成器，甚至堕落为十恶不赦之人，最终遭受刑罚，因作乱而丧失性命。他之所以有这样的下场，并不是别人使他这样，而是他的母亲让他这样的啊！从古代到今天，像这样的事情太多了，不能一一都列举出来。

③

凡天下官宦之家，多只一代享用便尽。其子孙始而骄佚，继而游荡，终而沟壑，而庆延一二代鲜矣。商贾之家，勤俭者能延三四代；耕读之家，谨朴者能延五六代；孝友之家，则可绵延十代八代。我今赖祖宗之积累，少年早达，深恐其以一身享用殆尽，故教诸弟及儿辈，但愿其为耕读孝友之家，不愿其为仕宦起见。

——《曾国藩家书》

解字说文

解字 佚：通"逸"，安逸，安闲。沟壑：沟渠与山涧。

说文 凡天下的官宦之家，大多一代享用殆尽，他们的子孙先是变得骄傲、安逸，接着就是游手好闲，最终会陷入生活的困厄之境，能延续一两代好日子的已经很少了。商贾之家，如果能做到勤俭持家，还能延续三四代好日子；耕读之家，如果能做到严谨、质朴，也能延续五六代好家景；讲究孝悌、友善的家庭，却可以延续八代甚至十代好光景。现如今，我仰仗祖宗积累下的功德，年少便已显达，但是深深地忧虑自己这一辈便将祖宗留下的德业耗费殆尽，所以我要教育诸位弟弟以及儿孙辈，但愿你们能够养成既从事农业劳动又读书、既孝顺父母又友爱兄弟的家风，而不是养成官宦之家的见识。

小知识 颜之推（531-591），字介，山东琅邪（今山东省临沂市）人。南北朝至隋唐时期中国著名的思想家、教育家，尤其是在家庭教育方面有着广泛而重要的影响。其所著《颜氏家训》，详细记述他的经历、思想、学识以及对子孙的告诫，内容丰富，被誉为"古今家训之祖"。

阅读拓展

田稷母教子洁行

田稷子相齐，受下吏之货金百镒，以遗其母。母曰："子为相三年矣，禄未尝多若此也，岂修士大夫之费哉！安所得此？"对曰："诚受之于下。"其母曰："吾闻士修身洁行，不为苟得。竭情尽实，不行诈伪。非义之事，不计于心。非理之利，不入于家。言行若一，情貌相副。今君设官以待子，厚禄以奉子，言行则可以报君。夫为人臣而事其君，犹为人子而事其父也。尽力竭能，忠信不欺，务在效忠，必死奉命，廉洁公正，故遂而无患。今子反是，远忠矣。夫为人臣不忠，是为人子不孝也。不义之财，非吾有也。不孝之子，非吾子也。子起。"田稷子惭而出，反其金，自归罪于宣王，请就诛焉。宣王闻之，大赏其母之义，遂舍稷子之罪，复其相位，而以公金赐母。　　　　——《列女传·母仪》

大意：

田稷担任齐国的相国，收受了下属官吏贿赂的大量钱财，并把它们送给了母亲。母亲说："你出任相国已经三年了，但俸禄从没有这么多过，何况一般官员的俸禄呢！这些钱是从哪里来的？"田稷回答说："确实是收受的下属的。"母亲说："我听说士大夫要修身洁行，不能随便收受人家的东西。要诚心诚意地做事，不弄虚作假。不符合道义的事情，不在心里盘算。不合法的利益，不带回家里。如果言行一致，就会表里如一。如今，国君用高官厚待你，用厚禄供养你，你的一言一行就应该报答国君。臣子辅佐国君，就像儿子孝敬父亲。尽心竭力，恪守忠诚，要务在于效忠，死也要奉行君命，廉洁公正，因而就不会有祸患。如今，你却与此相反，这是远离了忠诚啊！作为臣子不忠，就是作为儿子不孝。不义的财物，不是我应该拥有的；不孝顺的儿子，不是我的儿子。你起来吧！"田稷羞愧地走出门去，退还了钱财，主动向齐宣王认罪，请求处罚自己。齐宣王听后，对他母亲的深明大义大加赞赏，于是免除了田稷的罪责，恢复了他相国的职位，并且拿出国家的钱财奖赏田稷的母亲。

勤俭持家

孔子曰："奢则不孙，俭则固。与其不孙也，宁固。"又云："如有周公之才之美，使骄且吝，其余不足观也已。"然则可俭而不可吝已。俭者，省约为礼之谓也；吝者，穷急不恤之谓也。今有施则奢，俭则吝，如能施而不奢，俭而不吝，可矣。

——《颜氏家训·治家》

解字说文

解字 孙：通"逊"，恭顺。固：简陋、鄙陋。观：称道。恤：救济，周济。施：施舍。

说文 孔子说："奢侈了就不恭顺，节俭了就鄙陋。与其不恭顺，宁可鄙陋。"又说："如果有周公那样的才华与美德，却既骄傲又吝啬，其余的也就不值得称道了。"这样说来，人可以俭省，却不可以吝啬。俭省，说的是合乎礼义的节省；吝啬，说的是对困难危急的人也不周济。当今常有人只要一讲施舍就变成了奢侈，只要一讲节俭就变成了吝啬。如果能够做到施舍而不奢侈，俭省而不吝啬，那就好了。

阅读拓展

徐勉戒子

吾家本清廉，故常居贫素。至于产业之事，所未尝言，非直不经营而已。薄躬遭逢，遂至今日，尊官厚禄，可谓备之。每念叨窃若斯，岂由才致，仰藉先门风范及以福庆，故臻此尔。古人所谓"以清白遗子孙，不亦厚乎！"又云："遗子黄金满籯，不如一经。"详求此言，信非徒语。吾虽不敏，实有本志，庶得遵奉斯义，不敢坠失。所以显贵以来，将三十载，门人故旧，承荐便宜，或使创辟田园，或劝兴立邸店，又欲舳舻运致，亦令货殖聚敛。若此众事，皆距而不纳。非谓拔葵去织，且欲省息纷纭。

中年聊于东田开营小园，非存播艺以要利，政欲穿池种树，少寄情赏。……孔子曰："居家理事，可移于官。"既已营之，宜使成立，进退两亡，更贻耻笑。若有所收获，汝可自分赡内外大小，宜令得所，非吾所知，又复应沾之诸女尔。汝既居长，故有此及。

凡为人长，殊复不易，当使中外谐缉，人无间言，先物后己，然后可贵。老生云："后其身而身先。"若能尔者，更招巨利。汝当自勖，见贤思齐，不宜忽略以弃日也。弃日乃是弃身。身名美恶，岂不大哉，可不慎欤！今之所敕，略言此意。政谓为家以来，不事资产，暨立墅舍，似乖旧业，陈其始末，无愧怀抱。
　　　　　　　　　　　　　　　　　　——《南史·徐勉传》

大意：

我家本来就清正廉洁，因此生活常常清贫朴素。至于产业一类的事情，不曾提到过，不仅仅是不经营而已。我经过多年的努力，终于有了今天。尊贵的官爵，丰厚的俸禄，可以说是全都有了。我每每想到不该得而得到的这一切，难道是由自己的才力所导致的吗？这是依赖祖先的风范，再加上上天的福佑，所以才有了这些。古人所谓把清白留给子孙，这种遗产不也很厚重吗？古人又说："留给子孙满箱黄金，不如传给他们一部经书。"仔细推求这些话，确实不是空话。我虽然不聪敏，但也不是不能经营产业。我之所以不这么做，实际上是因为自己有志向，希望能够遵循奉行古人的道理，不敢丧失它。所以，自从我显贵以来，将近三十年了，我的门生和老朋友经常向我推荐各种机会，有的让我置办田地，有的劝我开设店铺，又有的想要我经营船运，也有的想让我通过经商来聚敛财物。像这样一些事情，我都拒绝没有接受。我这样做，不是不想与民争利，而只是想减少一些纷扰。

我中年的时候在东边的田间建造了一个小园子，并不是想通过种植作物来获取利益，而只是想通过挖池、种树来陶冶性情。……孔子说："居家理事，可移于官。"你既然经营它，就应当有所成就，否则进退两失，更让别人耻笑。如果有所收获，你可以分配供给家中内外大小亲戚，让他们生活都有所着落，至于以后的事就不是我所能知道的了，同时又应当补贴各位女眷。因为你是长子，所以我才跟你说这些话。

凡是作为长子的，都非常不容易，要使家中内外和睦，要让别人没有闲话，还要做到先人后己，这样才难能可贵。老子说："后其身而身先。"如要能够做到这样，就会招来更大的利益。你应当勉励自己，见到贤人，就要向他看齐，不应当忽略这一点，白白荒废了时光。荒废时光就是抛弃自身。这关乎一个人声名的好坏，难道不重要吗？能不慎重对待吗？我今天所告诫你的，大概就是这些。就是说，自从我管理这个家以来，不曾置办过产业。建造了田舍以后，好像和原来的事业相违背，但我向你陈述这件事情的原委，还是感到内心无愧。

二 家和事兴

①

四体既正，肤革充盈，人之肥也。父子笃，兄弟睦，夫妇和，家之肥也。大臣法，小臣廉，官职相序，君臣相正，国之肥也。天子以德为车，以乐为御。诸侯以礼相与，大夫以法相序，士以信相考，百姓以睦相守，天下之肥也。是谓大顺。大顺者，所以养生、送死、事鬼神之常也。故事大积焉而不苑，并行而不缪，细行而不失，深而通，茂而有间，连而不相及也，动而不相害也，此顺之至也。故明于顺，然后能守危也。

——《礼记·礼运》

🔖 解字说文

解字 正：正常。肤革：肌肤。苑：滞，阻滞，郁结。缪：乖谬，错误。

说文 四肢健全，肌肤丰满，这是一个人的身体强健。父子情笃，兄弟和睦，夫妇和谐，这是一个家庭的幸福美满。大臣守法，小臣廉洁，百官各守其职而同心协力，君臣互相勉励匡正，这可以看作是一个国家的运转正常。天子把道德当作车辆，把音乐当作驾车者，诸侯礼尚往来，大夫按照法度排列次序，士人根据信用互相考察，百姓根据睦邻的原则维持关系，这可以看作是整个天下

的和谐太平。一个人的身体强健，一个家庭的幸福美满，一个国家的运转正常，整个天下的和谐太平，这些合在一起就叫作大顺。大顺，是用来养生、送死、敬事鬼神的永恒法则。达到了大顺，即便是日理万机也不会有一事耽搁，两件事一齐进行也不会互相妨碍，行为虽小但也不至于有什么闪失，尽管深奥却可以理解，尽管严密却不乏通道，既互相关联而又彼此独立，循规运动而不互相排斥，这便是顺的最高境界。由此看来，明白了顺的重要性，才能时时警惕，守住高位。

②

吾家风教，素为整密。昔在龆龀，便蒙诱诲。每从两兄，晓夕温清，规行矩步，安辞定色，锵锵翼翼，若朝严君焉。赐以优言，问所好尚，励短引长，莫不恳笃。

——《颜氏家训·序致》

解字说文

解字 龆（tiáo）龀（chèn）：童年。温清：温，温席；清，扇凉。锵锵翼翼：行走时恭敬有礼。严君：原指父母，这里代指威严的君王。

说文 我家的门风家教，一向严整缜密。在我还小的时候，就时常得到长辈们的教诲。每次我与两位兄长一起，早晚侍奉双亲，一举一动都循规蹈矩，神色安详，言语平和，走路恭敬有礼，就像上朝觐见威严的君主一样。而父母总是用好话慰问、劝勉我们，询问我们的喜好与志向，勉励我们扬长避短，态度无不恳切。

阅读拓展

常棣之华，鄂不韡韡

凡今之人，莫如兄弟。死丧之威，兄弟孔怀。原隰裒矣，兄弟求矣。脊令在原，兄弟急难。每有良朋，况也永叹。兄弟阋于墙，外御其务。每有良朋，烝也无戎。丧乱既平，既安且宁。虽有兄弟，不如友生？

侯尔笾豆，饮酒之饫。兄弟既具，和乐且孺。妻子好合，如鼓瑟琴。兄弟既翕，和乐且湛。宜尔室家，乐尔妻帑。是究是图，亶其然乎。

——《诗经·常棣》

大意：

常棣花开朵朵，花儿光灿鲜明。凡今天下之人，莫如兄弟更亲。遭遇死亡威胁，兄弟最为关心。丧命埋葬荒野，兄弟也会相寻。鹡鸰困在原野，兄弟赶来救难。虽有良朋好友，安慰徒有长叹。兄弟墙内相争，同心抗御外侮。每有良朋好友，遇难谁来帮助。丧乱灾祸平息，生活安定宁静。此时同胞兄弟，不如朋友相亲。摆上佳肴满桌，宴饮意足心欢。兄弟今日团聚，祥和欢乐温暖。妻子情投意合，恰如琴瑟协奏。兄弟今日相会，祥和欢乐敦厚。全家安然相处，妻儿快乐欢喜。请你深思熟虑，此话是否在理。

第十四单元 治 国

一 民为邦本

①

齐宣王见孟子于雪宫。王曰:"贤者亦有此乐乎?"孟子对曰:"有。人不得,则非其上矣。不得而非其上者,非也;为民上而不与民同乐者,亦非也。乐民之乐者,民亦乐其乐;忧民之忧者,民亦忧其忧。乐以天下,忧以天下,然而不王者,未之有也。"

——《孟子·梁惠王下》

解字说文

解字 雪宫:齐宣王的行宫。王(wàng):称王。

说文 齐宣王在他的行宫雪宫接见孟子。宣王问:"有道德的贤人也有这种快乐吗?"孟子答道:"有的。百姓得不到这种快乐,就会埋怨国王。得不到这种快乐就埋怨国王,这是不对的。可是作为一国之君有快乐而不与百姓一同享受,也是不对的。假若国君把百姓的快乐看作自己的快乐,百姓也会把国君的快乐看作他们自己的快乐；假若国君把百姓的忧愁看作自己的忧愁，百姓也会把国君的忧愁视为他们自己的忧愁。国君和天下人同忧同乐，这样还不能使天下归服，这是从来没有过的事。"

②

孟子曰："桀、纣之失天下也，失其民也；失其民者，失其心也。得天下有道：得其民，斯得天下矣；得其民有道：得其心，斯得民矣；得其心有道：所欲与之聚之，所恶勿施尔也。民之归仁也，犹水之就下、兽之走圹也。"

——《孟子·离娄上》

📖 解字说文

解字 恶（wù）：厌恶。尔：如此。走圹：走，奔跑；圹，旷野。意为向旷野奔走。

说文 孟子说："夏桀和商纣王之所以丧失天下，是因为他们失去了百姓的支持；他们之所以失去百姓的支持，是因为他们失去了民心。得到天下有方法：获得百姓的支持，就获得了天下；获得百姓的支持也有方法：赢得民心，就获得了百姓的支持；赢得民心也有方法：百姓所希望的，替他们聚积起来；他们所厌恶的，不要强加给他们，如此而已。百姓向仁德、仁政归附，就好比水流向洼地、走兽奔向旷野一样。"

③

孟子曰："民为贵，社稷次之，君为轻。是故得乎丘民而为天子，得乎天子为诸侯，得乎诸侯为大夫。诸侯危社稷，则变置。牺牲既成，粢盛既洁，祭祀以时，

然而旱干水溢，则变置社稷。"

——《孟子·尽心下》

解字说文

解字 社稷：原为土神和谷神，这里代指国家。丘民：百姓。牺牲：古代为了祭祀宰杀的牲畜。粢（zī）盛：古代盛在祭器内以供祭祀的谷物。

说文 孟子说："百姓最为重要，社稷次之，君主为轻。所以，得到百姓的支持就可以做天子，得到天子的支持就可以做诸侯，得到诸侯的支持就可以做大夫。假若诸侯危害到国家社稷，那就要改立新诸侯。牺牲已经很肥壮，祭品已经很洁净，并能适时举行祭祀，但国家还是遭受了水旱灾害，那么就要改立土谷之神。"

④

选贤良，举笃敬，兴孝弟，收孤寡，补贫穷，如是，则庶人安政矣。庶人安政，然后君子安位。传曰："君者，舟也；庶人者，水也。水则载舟，水则覆舟。"此之谓也。

——《荀子·王制》

解字说文

说文 选用有贤德的人，提拔忠厚恭谨的人，提倡孝顺父母、敬爱兄长的美德，收养孤寡无依的人，资助贫穷的人，如果能做到这些，那么百姓就会服从管理了。百姓服从管理，君王的统治地位才能稳固。古书上说："君王好比是船，百姓好比是水。水能将船浮起，也能将船掀翻。"说的就是这个道理。

阅读拓展

邾文公卜迁

邾文公卜迁于绎。史曰："利于民而不利于君。"邾子曰："苟利于民，孤之利也。天生民而树之君，以利之也。民既利矣，孤必与焉。”左右曰：
“命可长也，君何弗为？”邾子曰：“命在养民。死之短长，时也。
民苟利矣，迁也，吉莫如之！”遂迁于绎。五月，邾文公卒。君子曰：
“知命。”

——《左传·文公十三年》

大意：

邾文公占卜迁都于峄山。巫师说：“迁都于峄山有利于百姓，但不利于国君。”邾文公说：“假如能对百姓有利，就是对我有利啊！上天孕育了万民，而树立国君，就是为了让百姓得到好处。百姓既然得好处了，我也就必然有份了。”左右都劝他说：“选择其他方案，您的寿命可以更长一些，为什么不干呢？”邾子说：“我的命是为养活百姓，生命的长短，不过是时间问题罢了。只要对百姓有利，那就迁都，没有比这更吉祥的了。”于是迁都于峄山。五月，邾文公死了。君子评价他说：“（他是）真正懂得了天命。”

小知识 邾文公（前？－前614），邾国的国君，姓曹，名蘧蒢，以德政著称。邾国是东周时期的一个小国家，附属于鲁国，其故址在今山东省邹城市附近。邾文公当政的时候，正值各诸侯国之间战争频繁，大国恃强兼并小国的事时常发生。当时邾国作为一个小国家，处于齐、楚、宋、鲁几个诸侯国之间，生存环境非常恶劣，时刻都有被大国吞并的危险。为了在乱世求得生存，邾文公当政时，将都城迁至峄山之阳，从而为邾国求得了生存的空间。

二 选贤与能

①

樊迟问仁。子曰："爱人。"问知。子曰："知人。"樊迟未达。子曰："举直错诸枉，能使枉者直。"樊迟退，见子夏。曰："乡也吾见于夫子而问知，子曰，'举直错诸枉，能使枉者直'，何谓也？"子夏曰："富哉言乎！舜有天下，选于众，举皋陶，不仁者远矣。汤有天下，选于众，举伊尹，不仁者远矣。"

——《论语·颜渊》

解字说文

解字 知：通"智"。错：通"措"，置于。乡：通"向"，以前。

说文 樊迟问什么是仁，孔子说："爱人。"又问什么是智，孔子说："善于鉴识人物。"樊迟不明白。孔子进一步解释道："把正直的人提拔上来，置于不正直的人之上，能够使不正直的人正直。"樊迟退了出来，遇到子夏，说："刚才我问老师什么是智，他说'把正直的人提拔上来，置于不正直的人之上'，这是什么意思？"子夏答道："这话的含义多么丰富呀！舜拥有了天下，在众人中挑选人才，把皋陶提拔了上来，不仁之人就远离朝廷了。商汤拥有了天下，在众人中挑选人才，把伊尹提拔了上来，不仁之人也远离朝廷了。"

②

古者圣王之为政，列德而尚贤，虽在农与工肆之人，有能则举之。高予之爵，重予之禄，任之以事，断予之令。曰：爵位不高，则民弗敬；蓄禄不厚，则民不信；政令不断，则民不畏。举三者授之贤者，非为贤赐也，欲其事之成。故当是时，以德就列，以官服事，以劳殿赏，量功而分禄。故官无常贵，而民无终贱，有能则举之，无能则下之，举公义，辟私怨，此若言之谓也。

——《墨子·尚贤上》

🔖 解字说文

解字 殿：同"定"。辟：除去。

说文 古代圣明的君王治理国家，任用有道德的人，并且崇尚有才能的人，即使是农夫或者工匠，只要有才能就提拔他。授予他高的爵位，赐给他丰厚的俸禄，任命他担任一定的职务，给予他自主决断的权力。（墨子）说：如果爵位不高，民众就不会敬重他；俸禄不厚，民众就不会信任他；不能决断政令，民众就不会畏惧他。把这三种待遇授给贤能的人，并不是因为他贤能而赏赐他，而是希望他办成事情。因此在这时，根据品德的高低而依次安排官职，让他们按照自己的职责范围行事，并按照他们的功劳而决定奖赏，通过衡量他们的功绩而分发俸禄。所以做官的人不是永远的尊贵，民众也不是永远的低贱，有才能就推举他，没有才能就罢免他，"提举公心，去除私怨"，说的就是这个意思。

小知识 墨子（约前468－前376），名翟（dí），战国时期著名思想家，墨家学派创始人。《墨子》是春秋战国时期墨家学派的著作总集，现存53篇。墨子的主张主要有兼爱、非攻、尚贤、尚同等十个方面。

③

虽王公士大夫之子孙，不能属于礼义，则归之庶人。虽庶人之子孙也，积文学，正身行，能属于礼义，则归之卿相士大夫。故奸言、奸说、奸事、奸能、遁逃反侧之民，职而教之，须而待之，勉之以庆赏，惩之以刑罚，安职则畜，不安职则弃。五疾，上收而养之，材而事之，官施而衣食之，兼覆无遗。才行反时者死无赦。夫是之谓天德，王者之政也。

——《荀子·王制》

解字说文

解字 反侧：不安分守己。五疾：五种残疾，即聋、哑、瘸、骨折、侏儒。

说文 即使是帝王公侯士大夫的子孙，如果不能合乎礼义，就要把他们归入平民。即使是平民的子孙，如果积累了文化知识，端正了行为，能顺从礼义，就把他们归入卿相士大夫。对于那些散布邪恶的言论、鼓吹邪恶的学说、从事邪恶的行为、具备邪恶的本领、四处流窜而不守本分的人，就强制劳役进行教育，静待他们转变，用奖赏去激励他们，用刑罚去惩处他们，安心工作的就留用，不安心工作的就流放出去。对患有五种残疾的人，君主收留并养活他们，根据才能任用他们，由官府供给衣食，全部加以照顾而不遗漏一人。对那些用才能和行为来反对现行制度的人，坚决处死，决不赦免。这就是最高的道德，是成就帝王之业所应采取的政治措施。

阅读拓展

汉高祖知人善任

高帝置酒雒阳南宫。高祖曰："列侯诸将无敢隐朕，皆言其情。吾所以有天下者何？项氏之所以失天下者何？"高起、王陵对曰："陛下慢而侮人，项羽仁而爱人。然陛下使人攻城略地，所降下者因以予之，与天下同利也。项羽妒贤嫉能，有功者害之，贤者疑之，战胜而不予人功，得地而不予人利，此所以失天下也。"高祖曰："公知其一，未知其二。夫运筹策帷帐之中，决胜于千里之外，吾不如子房。镇国家，抚百姓，给馈饷，不绝粮道，吾不如萧何。连百万之军，战必胜，攻必取，吾不如韩信。此三者，皆人杰也，吾能用之，此吾所以取天下者也。项羽有一范增而不能用，此其所以为我擒也。"　　——《史记·高祖本纪》

大意：

有一天，汉高祖刘邦在洛阳南宫内大摆宴席，与群臣欢聚。他说："今天我问大家一个问题，大家都不要隐瞒我，有话尽管直说。这个问题是：为什么我能取得天下，而项羽却失去了天下？"高起、王陵答道："虽然陛下您有时候傲慢无礼，而项羽却仁慈宽厚，但是，陛下派兵攻打城池，只要能够战胜，您就会赏赐有功之人，这是和大家一起分享胜利的果实。项羽却妒忌、猜疑贤能之人，打了胜仗，却不知道赏赐有功之人，得了城池，也不与人分利，这就是项羽失败的原因。"高祖说："你们只说对了一半，还有其他方面的原因。在运筹帷幄、决胜千里方面，我比不上张良；在治理国家、安抚百姓、保障粮草供给方面，我比不上萧何；在统率百万大军，攻必克、战必胜方面，我比不上韩信。他们三人都是天下英杰，却都为我所用；而项羽身边只有范增一人，他还不能重用，怎能不被我擒杀呢？"

【汉高祖正确地总结了自己取胜的经验，那就是"知人善任"。可见，高明的领导者懂得重视人才以及合理使用人才，才能成就大业。反之，如果妒贤嫉能，不能有效利用人才，就会导致失败。这些历史上的经验教训，今天我们应该加以吸收与借鉴。】

三 为政以德

①

子曰："为政以德，譬如北辰，居其所而众星共之。"

——《论语·为政》

解字说文

解字 北辰：北极星。共：通"拱"，环抱，环绕。

说文 孔子说："以崇高的道德操守从事国家治理活动，就像北极星一样，安处在自己的位置上，别的星辰都环绕着它运转。"

②

子曰："道之以政，齐之以刑，民免而无耻；道之以德，齐之以礼，有耻且格。"

——《论语·为政》

解字说文

解字 道：通"导"，引导。齐：整饬。格：至，来。

说文 孔子说："用政令来引导他们，用刑罚来整顿他们，百姓可以暂时免于处罚，却没有廉耻之心。如果用道德教化来引导他们，用礼义规范来整顿他们，人民不但有廉耻之心，而且人心归服。"

3

凡人之知，能见已然，不能见将然。礼者禁于将
然之前，而法者禁于已然之后。是故法之用易见，而
礼之所为生难知也。若夫庆赏以劝善，刑罚以惩恶，
先王执此之正，坚如金石，行此之信，顺如四时，处
此之功，无私如天地，尔岂顾不用哉！然如日礼云礼
云，贵绝恶于未萌，而起敬于微眇，使民日徙善远罪
而不自知也。孔子曰："听讼，吾犹人也。必也使无
讼乎！"此之谓也。

——《大戴礼记·礼察》

解字说文

解字 庆赏：奖赏。绝：消灭。微眇：细小，微末。徙：迁移。

说文 一般人的智慧，只能知道已经发生的事情，不能知道将要发生的事情。
礼的作用在于将不好的行为在发生之前就制止，而法律的作用则是对已经发生
的违法行为进行惩罚。所以，法律的作用很明显，而礼的作用却难以察觉。用
奖赏来劝勉善行，用刑罚来惩治罪恶，先王推行这样的政治原则，如金石一样
坚定不移，实施这样的政令，如四季更替一样准确无误。根据这一公正的原则，
政治才能像天地一样无偏无私，怎么能说先王不使用奖赏和刑罚呢？然而，被
人们一再称赞的礼，它的最可贵之处在于能将罪恶断绝于未形成之前，从细微
之处推行教化，使天下百姓日益趋向善良，远离罪恶，而自己还没有觉察到。
孔子说："我处理诉讼案件，与别人没什么不同。如果一定要找出什么不同的话。
我一定使讼案不再发生。"说的就是这个道理。

阅读拓展

子产论政之宽猛

郑子产有疾，谓子大叔曰："我死，子必为政。唯有德者能以宽服

民，其次莫如猛。夫火烈，民望而畏之，故鲜死焉；水懦弱，民狎而玩之，则多死焉。故宽难。"疾数月而卒。大叔为政，不忍猛而宽。郑国多盗，取人于萑苻之泽。大叔悔之，曰："吾早从夫子，不及此。"兴徒兵以攻萑苻之盗，尽杀之，盗少止。

仲尼曰："善哉！政宽则民慢，慢则纠之以猛。猛则民残，残则施之以宽。宽以济猛，猛以济宽，政是以和。"《诗》曰：'民亦劳止，汔可小康；惠此中国，以绥四方。'施之以宽也。'毋从诡随，以谨无良；式遏寇虐，惨不畏明。'纠之以猛也。'柔远能迩，以定我王。'平之以和也。又曰：'不竞不絿，不刚不柔，布政优优，百禄是遒。'和之至也。"

及子产卒，仲尼闻之，出涕曰："古之遗爱也。"

——《左传·昭公二十年》

大意：

郑国大夫子产得了重病，他嘱咐子太叔说："我死后，您必定主政。只有道德高尚的人能够用宽厚的政策使民众服从，其次就要用刚猛的手段才有效。比如烈火，民众望见它就害怕，所以很少有人死在火中。水柔弱，民众亲近它并在水中嬉戏，于是就有很多人死于水中，所以宽厚的政策难以见效。"子产生病数月后死去。子太叔执政，不忍心严厉行政，而施行了宽容的政策。郑国因此多了许多盗寇，他们盘踞萑苻地带召集人马反叛。太叔懊悔地说："如果我当初听从子产的话，就不会落到如此地步。"于是发兵围剿萑苻地带的盗寇，征服了他们，盗寇才被遏止住。

孔子说："好啊！政策宽厚民众就怠慢，民众怠慢了就要用刚猛的手段来纠正。政策刚猛、严厉民众就会受到伤害，民众受到了伤害就用宽厚的政策来补救。用宽容来调和严厉，用严厉来补充宽容，政治因此而得到谐和。《诗经》说：'民众也劳累了，差不多可以歇息啦；赐予城中的民众恩惠，用来安抚四方。'这是施予民众以宽厚啊！'不要放纵奸诈，用来防范邪恶；遏止盗寇肆虐，怎可不畏惧天日朗朗。'这是用刚猛来纠正啊。'宽柔对待远方的民众能够使大家亲近，这样来稳定我们的王朝。'这是用和缓的政策来使民众平安祥和啊。《诗经》又说：'不争斗不急躁，不刚猛不柔弱，实施政策平和，所有的福祉汇集过来。'这是和谐的极致啊！"孔子听说了子产逝世的消息，伤心地说："他真是个仁德的人啊！"

第十五单元　天下为公

一　胸怀天下

①

　　唯天下至圣，为能聪明睿知，足以有临也；宽裕温柔，足以有容也；发强刚毅，足以有执也；齐庄中正，足以有敬也；文理密察，足以有别也。溥博渊泉，而时出之。溥博如天，渊泉如渊。见而民莫不敬，言而民莫不信，行而民莫不说。是以声名洋溢乎中国，施及蛮貊；舟车所至，人力所通，天之所覆，地之所载，日月所照，霜露所队，凡有血气者，莫不尊亲，故曰配天。

——《中庸》

🍀解字说文

　　解字　聪明睿知：知，同"智"。听觉敏锐为聪，视觉犀利为明，思维敏

捷为睿，知识广博为智。齐（zhāi）庄中正：整齐庄重，公平正直。溥：普遍。说：同"悦"，高兴。蛮貊：对边远地区少数民族的称呼。队：同"坠"，坠落，降落。

说文 只有天下最圣明的人，才能既聪明又睿智，能处于上位而治理天下；（他）宽舒温柔，足以包容天下；奋发刚健，足以决断大事；庄重正直，足以敬业；文章条理，周详明辨，足以分辨是非。圣人的道德广博深厚，随时发见于外，如天一样地广阔，如潭水般深不可测。他出现在百姓面前，百姓没有不尊敬的；他所说的话，百姓没有不相信的；他的行为，百姓没有不喜欢的。因此他的名声洋溢在中华大地上，甚至传播到南北方的偏远之地。凡是舟车能到的地方，人力能通的地方，天所覆盖的地方，地所承载的地方，日月所照临的地方，霜露所降落的地方，凡是有血气的人，没有不尊敬他、热爱他的，所以说圣人的美德可以与天相配。

②

太公曰："天下非一人之天下，乃天下之天下也。同天下之利者，则得天下；擅天下之利者，则失天下。天有时，地有财，能与人共之者，仁也；仁之所在，天下归之。免人之死，解人之难，救人之患，济人之急者，德也；德之所在，天下归之。与人同忧同乐，同好同恶者，义也；义之所在，天下赴之。凡人恶死而乐生，好德而归利，能生利者，道也；道之所在，天下归之。"

——《六韬·文韬》

🌀 解字说文

解字 擅：独揽，私占。

说文 太公说："天下不是一个人的天下，是天下人的天下。能与天下人共享天下之利的人，就能得到天下；而独占天下之利的人，就会失掉天下。天有天时，地有宝贵财富，能与人共享天时地财的，这是天地的仁德；仁所在之处，天下人都会归向那里。免人之死，解人之难，救人之患，济人之急的，就是德；德所在之处，天下人都会归向那里。与天下之人同忧乐，同喜恶，就是义；义所在之处，天下人都会归向那里。人都厌恶死而以生为乐，都好德而追求利益，能为人谋得利益的，就是道；道所在之处，天下人都会归向那里。"

> **小知识** 《六韬》又称《太公六韬》《太公兵法》，是中国古代一部著名的道家兵书，其内容博大精深，思想精邃丰富，逻辑缜密严谨，是古代中国军事思想的集中体现和军事文化遗产的重要组成部分。

③

故圣人耐以天下为一家，以中国为一人者，非意之也，必知其情，辟于其义，明于其利，达于其患，然后能为之。何谓人情？喜、怒、哀、惧、爱、恶、欲，七者弗学而能。何谓人义？父慈、子孝、兄良、弟弟、夫义、妇听、长惠、幼顺、君仁、臣忠，十者谓之人义。讲信修睦，谓之人利；争夺相杀，谓之人患。故圣人之所以治人七情，修十义，讲信修睦，尚辞让，去争夺，舍礼何以治之？

——《礼记·礼运》

解字说文

解字 耐：古"能"字。辟：明，谓明于"父慈""子孝"等以下十义。弟：同"悌"，敬爱兄长。

说文 因此圣人是能把天下团结为一家、把中国团结得如同一人的人，这并不是主观臆想，必须了解人情，明白做人的道理，知道人的利益所在，清楚人的祸患是什么，然后才能做到。什么是人情？是喜、怒、哀、惧、爱、恶、欲，这七个方面不学就会。什么是做人的道理？父亲慈爱、儿女孝顺、兄长善良、弟敬兄长、丈夫守义、妻子听从、年长的关怀年幼的、年幼的顺从年长的、国君仁慈、臣下忠心，这十个方面就是做人的道理。讲究信用而促进友好，就是人的利益所在。互相争夺撕杀，就是人的祸患。因此圣人用来治理人的七情，培养人的十义，使人讲究信用，促进友好，崇尚谦让，放弃争夺，除了礼还能用什么来治理呢？

> **小知识** 《礼记》又称《小戴礼记》，是中国古代一部重要的典章制度书籍，儒家经典著作之一。该书是由西汉戴圣对先秦以来各种礼仪著作加以辑录、编纂而成，全书共49篇。它阐述的思想，包括社会、政治、伦理、哲学、宗教等各个方面，是一部重要的儒家思想资料汇编。《礼运》篇主要介绍了儒家的"大同"与"小康"两种理想社会图景。

阅读拓展

短歌行

曹操

对酒当歌，人生几何！譬如朝露，去日苦多。
慨当以慷，忧思难忘。何以解忧？唯有杜康。
青青子衿，悠悠我心。但为君故，沉吟至今。
呦呦鹿鸣，食野之苹。我有嘉宾，鼓瑟吹笙。
明明如月，何时可掇？忧从中来，不可断绝。
越陌度阡，枉用相存。契阔谈宴，心念旧恩。
月明星稀，乌鹊南飞，绕树三匝，何枝可依？
山不厌高，海不厌深。周公吐哺，天下归心。

大意：

边喝酒边高歌，人生匆匆而过！这人生好比晨露，转瞬即逝，过往的岁月实在是太多！在席上慷慨激昂地歌唱，但是忧郁依旧占满心房。靠什么来排解忧闷？唯有狂饮方可解脱。那些穿着青衣的有识之士，你们令我朝思暮想。只是因为你们的缘故，才让我沉痛吟诵至今。鹿儿们呦呦欢鸣，怡然自得地啃食着苹草。一旦四方贤才光临舍下，

我将奏瑟吹笙来欢迎你们。挂在当空的皓月，我什么时候才可以拿到？我内心的忧愁，像奔涌而来的河水一样不能断绝。远方宾客踏着田间小路，一个个屈驾前来探望我。彼此久别重逢，谈心宴饮，争相诉说昔日的恩情。月光明亮，星光稀疏，乌鹊向南飞去。绕树飞了三周却没落下，哪里才是它们栖身之所？高山不辞土石才见巍峨，大海不弃涓流才见壮阔。我愿如周公一般礼贤下士，愿天下的英杰真心归顺于我。

⬭ 与邻为善

①

季氏将伐颛臾。冉有、季路见于孔子曰："季氏将有事于颛臾。"

孔子曰："求！无乃尔是过与？夫颛臾，昔者先王以为东蒙主，且在邦域之中矣，是社稷之臣也。何以伐为？"

冉有曰："夫子欲之，吾二臣者皆不欲也。"

孔子曰："求！周任有言曰：'陈力就列，不能者止。'危而不持，颠而不扶，则将焉用彼相矣？且尔言过矣，虎兕出于柙，龟玉毁于椟中，是谁之过与？"

冉有曰："今夫颛臾，固而近于费。今不取，后世必为子孙忧。"

孔子曰："求！君子疾夫舍曰欲之而必为之辞。丘也闻有国有家者，不患寡而患不均，不患贫而患不安。盖均无贫，和无寡，安无倾。夫如是，故远人不服，则修文德以来之。既来之，则安之。今由与求也，相夫子，远人不服，而不能来也；邦分崩离析，而不能守也；而谋动干戈于邦内。吾恐季孙之忧，不在颛臾，而在萧墙之内也。"

——《论语·季氏》

解字说文

解字 颛臾：鲁国的附庸国，在今山东费县西北。尔是过："尔"是"过"的宾语，可理解为"过尔"，即"责备你"的意思。萧墙：本义是指屏风，此处暗指鲁君。

说文 季氏准备攻打颛臾。冉有、子路两人谒见孔子，说道："季氏要对颛臾出兵了。"

孔子道："冉求！这难道不该责备你吗？颛臾，先王曾经授权它主持东蒙山的祭祀，而且它早就在我们最初被封时的疆域之内，这正是我国安危与共的藩属，为什么要攻打它呢？"

冉有道："季孙要这么干，我们两人都是不同意的。"

孔子道："冉求！周任曾说过：'能够贡献自己的力量，再去任职；如果不行，就该辞职。'譬如瞎子遇到危险，不去扶持，将要摔倒，不去搀扶，又何必用那个助手呢？况且你说得不对，老虎、犀牛从笼里逃出来，龟壳、美玉毁在匣子里，这是谁的责任呢？"

冉有道："如今，颛臾的城墙牢固，而且离季孙的采邑费地很近。今天不去占领它，未来一定会给子孙留下祸害。"

孔子道："冉求！君子讨厌那种不说自己贪心，却一定要找些说辞的态度。我也听说过：无论诸侯还是大夫，不必担忧财富不多，只需担忧财富不均；不必担忧人民太少，只需担忧境内不安。如果财富平均，便无所谓贫穷；如果境内和谐，便不会觉得人少；如果境内平安，便不会倾危。这样的话，远方的人还不归服，便可以修仁义礼乐的政教来招致他们。他们来了，就得使他们安心。如今仲由和冉求两人辅佐季孙，远方的人不归服，而不能招致；国家支离破碎，却不能保全；反而想在国境之内大动干戈。我恐怕季孙的忧愁不在颛臾，却在鲁君呀！"

③

齐宣王问曰："交邻国有道乎？"孟子对曰："有。惟仁者为能以大事小，是故汤事葛，文王事昆夷。惟智者为能以小事大，故太王事獯鬻，勾践事吴。以大事小者，乐天者也；以小事大者，畏天者也。乐天者保天下，畏天者保其国。《诗》云：'畏天之威，于时保之。'"

——《孟子·梁惠王下》

🔑 解字说文

解字 太王事獯鬻（xūn yù）：太王，即周部族首领古公亶父；獯鬻，当时北方的少数民族。

说文 齐宣王问道："与邻国交往有法则吗？"孟子答道："有。只有仁爱的人能以大国服事小国，所以商汤服事葛伯，文王服事昆夷。只有聪明的人能以小国服事大国，所以太王服事獯鬻，勾践服事吴王。以大国服事小国的，是乐安天命的人；以小国服事大国的，是敬畏天命的人。乐安天命者保有天下，敬畏天命者保有自己的国家。《诗经》说：'敬畏上天的威严，于是保有这国家。'"

④

孟子曰："以力假仁者霸，霸必有大国；以德行仁者王，王不待大。汤以七十里，文王以百里。以力

服人者，非心服也，力不赡也；以德服人者，中心悦而诚服也，如七十子之服孔子也。《诗》云：'自西自东，自南自北，无思不服。'此之谓也。"

——《孟子·公孙丑上》

解字说文

解字 赡（shàn）：足。

说文 孟子说："假借仁义之名而以武力征服对方的叫做'霸'，霸，一定是大国才能做得到；依靠道德，推行仁义而统一天下的叫做'王'。王，不一定是大国。商汤的国家仅方圆七十里，文王的国家不过方圆百里。倚仗实力来使人服从的，（对方）并不是真心服从，只不过力量不足罢了；依靠道德来使人服从的，（对方）是内心喜悦，并发自内心佩服，就像七十个弟子服从孔子一样。《诗经》说：'自西自东，自南自北，没有不心悦诚服的。'说的就是这个意思。"

阅读拓展

通亚非郑和七下西洋

郑和，云南人，世所谓三保太监者也。初事燕王于藩邸，从起兵有功，累擢太监。成祖疑惠帝亡海外，欲踪迹之，且欲耀兵异域，示中国富强。永乐三年六月命和及其侪王景弘等通使西洋。将士卒二万七千八百余人，多赍金币。造大舶，修四十四丈、广十八丈者六十二。自苏州刘家河泛海至福建，复自福建五虎门扬帆，首达占城，以次遍历诸番国，宣天子诏，因给赐其君长，不服则以武慑之。

……

和经事三朝，先后七奉使，所历占城、爪哇、真腊、旧港、暹罗、古里、满剌加、渤泥、苏门答剌、阿鲁、柯枝、大葛兰、小葛兰、西洋琐里、琐里、加异勒、阿拨把丹、南巫里、甘把里、锡兰山、喃渤利、彭亨、急兰丹、忽鲁谟斯、比剌、溜山、孙剌、木骨都束、麻林、剌撒、祖法儿、沙里湾泥、竹步、榜葛剌、天方、黎伐、那孤儿，凡三十余国。所取无名宝物，不可胜计，而中国耗废亦不赀。自宣德以还，远方时有至者，要不如永

乐时，而和亦老且死。自和后，凡将命海表者，莫不盛称和以夸外番，故俗传三保太监下西洋，为明初盛事云。

——《明史·郑和传》

大意：

郑和（1371－1435），明代宦官，我国古代著名航海家。本姓马，名三保，云南回族人。幼时被虏入宫，从燕王朱棣起兵，赐姓郑，任内宫太监。他先后共出海七次，到访亚非30多个国家和地区。他最远曾到达非洲东岸和红海海口，为中外航海史上的壮举，促进了中国和亚非各国的经济、文化交流。

本文讲的就是郑和七下西洋的故事：郑和，云南人，被世人称为三保太监。最初在燕王朱棣的府第做事，跟随朱棣征战有功，被提拔为内宫太监。朱棣继位后怀疑明惠帝逃亡海外，想要搜捕他，而且欲借机向国外炫耀国威，以显示中国的富强。明永乐三年（1405）六月，明成祖派遣郑和以及侪王景弘等人出使西洋。郑和率领士卒27800余人，以及准备赏赐各国的大量金币，建造了规模庞大的航船，长为44丈（1丈约3.33米），宽为18丈62尺。他们自苏州刘家河出海至福建，又从福建五虎门扬帆起航，首站到达占城，后依次遍历诸番国，宣示明天子的诏令，并赏赐顺从的君主，若敢不服则用武力威慑之。

……

郑和共侍奉过三朝皇帝，先后七次被派遣出海，他所游历的地方：占城、爪哇、真腊、旧港、暹罗、古里、满剌加、渤泥、苏门答剌、阿鲁、柯枝、大葛兰、小葛兰、西洋琐里、琐里、加异勒、阿拨把丹、南巫里、甘把里、锡兰山、喃渤利、彭亨、急兰丹、忽鲁谟斯、比剌、溜山、孙剌、木骨都束、麻林、剌撒、祖法儿、沙里湾泥、竹步、榜葛剌、天方、黎伐、那孤儿等30余国家和地区。他带回了大量的不知名的宝物，但同时也耗费了巨大的物力。自明宣德以来，国外常有使者来访，却不如永乐时昌盛，此时郑和也已衰老将死。郑和以后，凡是奉命出使海外的人，无不向外国夸赞郑和，所以大家都流传郑和下西洋实为明初一件盛大的事。

【郑和七下西洋，不仅是古代航海史上的壮举，更重要的是，对促进中国与其他国家的经济、文化交流作出了卓越贡献。而且，所到之处，并没有进行掠夺和殖民，反而给当地人带去了物质和精神财富，对于促进世界和平具有重要意义。】

三 天下为公

昔者仲尼与于蜡宾。事毕，出游于观之上，喟然而叹。仲尼之叹，盖叹鲁也。言偃在侧曰："君子何叹？"孔子曰："大道之行也，与三代之英，丘未之逮也，而有志焉。大道之行也，天下为公，选贤与能，讲信修睦。故人不独亲其亲，不独子其子，使老有所终，壮有所用，幼有所长，矜寡孤独废疾者，皆有所养。男有分，女有归。货，恶其弃于地也，不必藏于己；力，恶其不出于身也，不必为己。是故谋闭而不兴，盗窃乱贼而不作，故外户而不闭。是谓大同。今大道既隐，天下为家，各亲其亲，各子其子，货力为己，大人世及以为礼。城郭沟池以为固，礼义以为纪；以正君臣，以笃父子，以睦兄弟，以和夫妇，以设制度，以立田里，以贤勇知，以功为己。故谋用是作，而兵由此起。禹、汤、文、武、成王、周公，由此其选也。此六君子者，未有不谨于礼者也。以著其义，以考其信，著有过，刑仁讲让，示民有常。如有不由此者，在势者去，众以为殃。是谓小康。"

——《礼记·礼运》

🔆 解字说文

解字 蜡：祭名，于每年十二月举行，祭万物之神。观：于门两旁建高台，台上建可观望之楼，即为观。三代之英：三代指夏、商、周。英指禹、汤、周文王、周武王等杰出的政治家。逮：及，赶上。长：抚育。矜：同"鳏"，指老而无妻的人。归：古代称女子出嫁为归。大人：指天子、诸侯。世及：父子相传为世，兄弟相传为及。考：成。刑：同"形"，表现，彰显。

说文 从前仲尼参加蜡祭并做了饮酒礼上的宾，祭礼完毕，出来在门阙的楼观上游览，不禁发出叹息声。仲尼的叹息，大概是叹息鲁国吧。言偃在旁说："君子为什么叹息？"孔子说："大道实行的时代，和三代时期的英杰人物，我都未能赶上，而有书记载那时的情况。大道实行的时代，天下是人民所公有的，选择贤能的人而把领袖的地位传给他，人与人之间讲信用而和睦相处。因此人们不只是敬爱自己的双亲，不只是抚养自己的子女，而使老年人能得终养，壮年人有用武之地，幼童能得到抚育，年老丧夫或丧妻而孤独无靠的人以及残疾人都能得到照顾和赡养；男子都有自己的职业，女子都能适时婚嫁；嫌恶财物丢弃在地上而被糟踏浪费，但并不必占为己有；嫌恶自己有力气偷懒不用，但并不必为自己服务。因此阴谋诡计被扼制而不得施展，盗窃和乱臣贼子不会产生，外出可以不用关门，这就叫做大同社会。当今社会大道已经隐没不行了，天下成了君王一家的天下，人们各自敬爱自己的双亲，各自抚养自己的子女，财物和人力都据为己有，把国君世袭作为礼。修筑城郭和护城河来加固防守，把礼义作为纲纪；用来端正君臣关系，加深父子感情，使兄弟和睦，使夫妻和美，并据以建立制度，划分田里，崇尚勇敢和才智。建立功业是为了自己，故阴谋由此而生，战争由此而起。夏禹、商汤、周文王、周武王、周成王、周公，就是用礼义治国的英杰人物。这六位君子，没有不谨慎地施行礼制的。他们借以彰明道义，成就信用，明察过失，提倡仁爱而讲究谦让，向民众显示治国有常法。如果有不遵行这种方式的，拥有权力的人将被废黜，民众将把他看成是祸殃。这就叫做小康社会。"

李世民天可汗的故事

秘书监魏征曰："匈奴自古至今，未有如斯之破败，此是上天剿绝，宗庙神武。……陛下以内地居之，且今降者几至十万，数年之后，滋息过倍，居我肘腋，甫迩王畿，心腹之疾，将为后患，尤不可处以河南也。"

温彦博曰："天子之于万物也，天覆地载，有归我者则必养之。今突厥破除，余落归附，陛下不加怜愍，弃而不纳，非天地之道，阻四夷之意，臣愚甚谓不可，宜处之河南。所谓死而生之，亡而存之，怀我厚恩，终无叛逆。"……彦博又曰："臣闻圣人之道，无所不通。突厥余魂，以命归我，收居内地，教以礼法；选其酋首，遣居宿卫；畏威怀德，何患之有？"

……

太宗……卒用彦博策，自幽州至灵州，置顺、佑、化、长四州都督府以处之，其人居长安者近且万家。

自突厥颉利破后，诸部落首领来降者，皆拜将军中郎将，布列朝廷，五品以上百余人，殆与朝士相半。惟拓拔不至，又遣招慰之，使者相望于道。

——《贞观政要·安边》

大意：

唐太宗李世民（598－649），我国古代杰出的政治家、军事家。他虚心纳谏，励精图治，开创了中国历史上著名的"贞观之治"。唐太宗在处理民族问题上，能够审时度势、顾全大局，优待安置了归降的少数民族，促进了民族和谐。

本文即讲述了唐太宗李世民安抚突厥的故事：秘书监大臣魏征进谏说："匈奴自古至今，从来没有像今天这样衰败，这是上天赐予的剿灭他们的良机，是我们祖先的神灵保佑。……陛下您占据中原，而且如今归降的人多达十几万。数年之后，他们的人数还会加倍，而且居住在我们的附近，和国都距离很近，这真是心腹之患啊，所以千万不要让他们进入中原地带。"

温彦博说："天子对于万事万物，犹如天覆地载，只要是归顺的，我们必然要安置他们。如今突厥破败，残余的部落归顺我们，陛下您如果不加怜悯，弃而不纳，不合于天地之道，阻碍四夷的归附之意。

臣下以为这样做不妥，还是让他们进入中原吧。再者说，在别人濒临绝境的时候给予帮助，他们必定会感激我们的厚恩，绝不会叛乱的。……圣人之道，无所不通。突厥的余部，前来投奔，以保全性命，若将他们收纳安置在内地，教导他们礼法，选拔他们的首领，派遣军队加以守卫，这样他们就会畏威怀德，又有什么隐患呢？"

　　……

　　唐太宗最终采纳了大臣温彦博的意见，自幽州至灵州，安置顺、佑、化、长四州都督府来管理他们，居住在长安附近的就将近一万户。

　　自突厥颉利兵败以后，诸部落首领归降的人，唐太宗都分封他们为将军中郎将，同为朝廷官员，五品以上的就有百余人，差不多占了朝廷官员的一半。只有拓拔部仍不归降，唐太宗又派遣使者招慰他们，使者相望于道。

　　【由于唐太宗实行开明的民族政策，允许突厥等少数民族定居中原，并分封土地和官位，最终赢得了少数民族的赞赏，被尊称为"天可汗"。】

第十六单元　天人合一

一　生生不息

①

　　不违农时，谷不可胜食也；数罟不入洿池，鱼鳖不可胜食也；斧斤以时入山林，材木不可胜用也。谷与鱼鳖不可胜食，材木不可胜用，是使民养生丧死无憾也。养生丧死无憾，王道之始也。五亩之宅，树之以桑，五十者可以衣帛矣。鸡豚狗彘之畜，无失其时，七十者可以食肉矣。百亩之田，勿夺其时，数口之家可以无饥矣。谨庠序之教，申之以孝悌之义，颁白者不负戴于道路矣。七十者衣帛食肉，黎民不饥不寒，然而不王者，未之有也。

——《孟子·梁惠王上》

解字说文

解字　数（cù）：细密。罟（gǔ），鱼网。洿池：大池。庠序：学校。

说文　如果在农民耕种收获的季节，不去（因征兵征工而）妨碍生产，那粮食便会吃不完了。如果不用细密的鱼网到大的池沼里去捕鱼，那水产也就吃不完了。如果砍伐树木有一定的时间，木材也会用不尽了。粮食和鱼类吃不完，木材用不尽，这样便使百姓对生养死葬没有什么不满。百姓对于生养死葬都没有什么不满，就是王道的开端。在五亩大的宅园中，种植桑树，那么，五十岁以上的人都可以穿上用丝绵制成的衣服了。鸡狗与猪等家畜，不要耽误它们的繁殖时节，那么，七十岁以上的老人就可以有肉吃了。一家人有百亩的耕地，不要去妨碍他们的生产，那么，几口人的家庭就可以吃饱了。兴办学校，用孝顺父母、敬爱兄长的道理反复地教导他们，那么，（人人都会敬老尊贤，）须发花白的人也就不会头顶着、背负着重物在路上行走了。七十岁以上的人可以穿上用丝绵制成的衣服，有肉吃，一般百姓饿不着，冻不着，这样还不能使天下归服的，是从来没有过的事。

②

山林虽广，草木虽美，禁发必有时。国虽充盈，金玉虽多，宫室必有度。江海虽广，池泽虽博，鱼鳖虽多，网罟必有正。船网不可一财而成也。非私草木、爱鱼鳖也，恶废民于生谷也。故曰：先王之禁山泽之作者，博民于生谷也。

——《管子·八观》

解字说文

解字　一财：单一财路。爱：偏爱。

说文　山林虽广，草木生长虽好，封禁开发必须有定时；国虽富裕，金玉虽多，宫室兴建必须有限度。江海虽宽，池泽虽大，鱼鳖虽多，捕鱼之业必须有官员管理。船网之民不可只依靠单一财路来维持生活。这并不是对草木、鱼鳖有偏爱，而是怕人民荒废了粮食的生产。所以说，先王限制上山采伐、下水捕鱼的活动，为的就是使人们专务粮食生产。

③

圣王之制也：草木荣华滋硕之时，则斧斤不入山林，不夭其生，不绝其长也；鼋鼍鱼鳖鳅鳣孕别之时，罔罟、毒药不入泽，不夭其生，不绝其长也；春耕、夏耘、秋收、冬藏，四者不失时，故五谷不绝，而百姓有余食也；污池渊沼川泽，谨其时禁，故鱼鳖优多而百姓有余用也；斩伐养长不失其时，故山林不童而百姓有余材也。

——《荀子·王制》

解字说文

解字 荣华：草本植物开花叫"荣"，木本植物开花叫"华"。鼋（yuán）：大鳖。鼍（tuó）：扬子鳄。鳣（shān）：同"鳝"。不童：不光秃。

说文 圣明帝王的制度：草木正在开花生长的时候，不准带砍伐的斧头进入山林，这是为了使它们的生命不夭折，使它们能不断生长；鼋、鼍、鱼、鳖、泥鳅、鳝鱼等产卵受孕的时候，不准将鱼网、毒药投入湖泽，这是为了使它们的生命不夭折，使它们不断生长。春天耕种、夏天锄草、秋天收获、冬天储藏，这四件事都不丧失时机，所以五谷不断地生长而老百姓有多余的粮食；池塘、水潭、河流、湖泊，严格禁止在规定时期内捕捞，所以鱼、鳖丰饶繁多而老百姓有多余的资财；树木的砍伐与培育养护不错过季节，所以山林不会光秃秃而老百姓有多余的木材。

阅读拓展

李冰筑坝

周灭后，秦孝文王以李冰为蜀守。冰能知天文地理，谓汶山为天彭门。乃至湔氏县，见两山对如阙，因号天彭阙。……冰乃壅江作堋，穿郫江、检江，别支流，双过郡下，以行舟船。岷山多梓柏大竹，颓随水流，坐致材木，功省用饶。又溉灌三郡，开稻田，于是蜀沃野千里，号为陆海。旱则引水浸润，雨则杜塞水门，故记曰：水旱从人，不知饥馑，时无荒年，天下谓之天府也。……时青衣有沫水，出蒙山下，伏行地中，会江南安，触山胁溷崖，水脉漂疾，破害舟船，历代患之。冰发卒凿平溷崖，通正水道。或曰：冰凿崖时，水神怒，冰乃操刀入水中与神斗。迄今蒙福。

——《华阳国志·蜀志》

大意：

　　《华阳国志》是我国现存最早的一部地方志。它记载了公元 4 世纪中叶以前西南地区（包括今云南、贵州和陕西、甘肃、湖北部分地区）的历史、地理。因这些地区在华山之阳（南面），所以书名为《华阳国志》。本篇所选故事记载了李冰在组织古代四川人民修建水利工程中所建立的历史功绩：周朝灭亡后，秦孝文王任命李冰为蜀地的守卫，李冰通晓天文地理，他把汶山称为天彭门。当他到达湔氐县时，发现有两座山对立着，中间有个缺口，便把此处叫做天彭阙。……李冰于是在此处堵住江水建造堤坝，之后又疏通了郫江、检江，使二江一直流到了蜀郡的郡治所在地成都城下，（这样设计）以便于船舶行驶。堤坝修成后，李冰便一方面通过河道来运输岷山上的梓柏大竹，使百姓材木丰饶；另一方面便用它来灌溉三郡，开垦稻田，使蜀地变成了广阔的沃土，被人称为陆海。（自从修建了堤坝后）干旱时可引水来灌溉，下雨时可截住水流，所以有记载称：（蜀地）旱涝都听从人的安排，由于没有荒年，蜀人不知饥荒的滋味，天下把蜀地称为天府。……青衣县有沫水，从蒙山开始，在地下形成暗河，一直流到南安与羊摩江相会，而后直逼山崖，江面狭窄，水流湍急，危害船只。李冰征发士卒，凿平山崖，疏通水道，终于解除了水患。据传说，李冰凿山崖时，引起了水神的愤怒，李冰便拔刀跳入水中与水神展开了一场战斗。李冰治水使沿江两岸人民世代蒙受福祉。

二 民胞物与

乾称父，坤称母；予兹藐焉，乃混然中处。故天地之塞，吾其体；天地之帅，吾其性。民吾同胞，物吾与也。大君者，吾父母宗子；其大臣，宗子之家相也。尊高年，所以长其长；慈孤弱，所以幼其幼。圣其合德，贤其秀也。凡天下疲癃残疾、茕独鳏寡，皆吾兄弟之颠连而无告者也。于时保之，子之翼也；乐且不忧，纯乎孝者也。违曰悖德，害仁曰贼。济恶者不才，其践形，唯肖者也。知化则善述其事，穷神则善继其志。不愧屋漏为无忝，存心养性为匪懈。恶旨酒，崇伯子之顾养；育英才，颍封人之锡类。不弛劳而底豫，舜其功也；无所逃而待烹，申生其恭也。体其受而归全者，参乎！勇于从而顺令者，伯奇也。富贵福泽，将厚吾之生也；贫贱忧戚，庸玉女于成也。存，吾顺事，没，吾宁也。

——《张载集·正蒙·乾称篇》

🌐 解字说文

解字 予：我。兹：语气词。藐：弱小，多指幼儿。塞：充塞。帅：统帅，统领。与：同伴，同类。秀：灵秀。疲癃：衰老多病。茕：没有弟兄，孤独。翼：帮扶。肖者：像父母的儿子。旨酒：美酒。顾养：善于保养本性。弛劳：尽全力。底：至。豫：安乐。庸：用。

说文 天，称作万物之父；地，称作万物之母。我如此藐小，却混有天地之道于一身，处于天地之中。所以，充塞于天地之间的气，就是我的形体；而统帅天地万物之变化的理，就是我的本性。百姓是我的同胞兄弟，而万物都是我的伙伴。君主，是天地父母的嫡长子，而大臣则是嫡长子的管家。尊敬年龄大的人，以此来礼敬同胞中年长的人；慈爱孤苦弱小者，以此来保护同胞中年幼的人。所谓的圣人，是指与天地之德相合的人；而贤人，则是同胞中的优秀之辈。凡是天底下衰老、残疾的人以及孤苦无依的鳏夫、寡妇，都是陷入生活困苦而无处诉说的兄弟姐妹。及时地关怀他们，是子女对天地父母应有的协助。如此地乐于关爱同胞而不为己忧，是对天地父母最纯粹的孝顺。若是违背了天地的意旨，就叫做"悖德"，伤害仁义就叫做"贼"。助长凶恶的人，是天地的不成材之子，而那些能够将天性表现于形色之身的人，就是天地的孝子。能知晓造物者善化万物的功业，才算是善于记述天地的事迹；能彻底地洞彻造化之奥秘，才算是善于继承天地的志愿。即便在室内隐僻处也能毫无羞愧，才算无辱于天地；时时存仁心、养天性，才算是事天、奉天无所懈怠。崇伯之子大禹，通过厌恶美酒来赡养父母；颍谷守疆界的颍考叔，经由培育英才而将恩德施与其同类。不松懈地努力，以使父母达到安乐，这便是舜对父母所贡献的功劳；顺从父命，不逃他处，以待杀戮，这是太子申生所以被谥为"恭"的缘故。临终时将从父母那里得来的身体完整地归还给父母的，是曾参；勇于听从以顺从父母之命的是伯奇。富贵福禄的恩泽，可以丰厚我的生活；贫贱忧戚，是天地使我在艰苦锻炼中取得成就的方法。活着，我顺从天地之理；死了，我得以永久的安息。

小知识 张载（1020—1077），字子厚，陕西凤翔郿县横渠镇人，世称横渠先生。因他讲学关中，其学说被称为关学。他的思想学说广博深邃，对后世影响极为深远。此文原名《订顽》，为《正蒙·乾称篇》中的一部分，张载曾将其录于学堂双牖的右侧，题为《订顽》。程颐将《订顽》改称为《西铭》，始有独立之篇名。

阅读拓展

郑板桥戒子书

余五十二岁始得一子，岂有不爱之理！然爱之必以其道，虽嬉戏顽耍，务令忠厚悱恻，毋为刻急也。平生最不喜笼中养鸟，我图娱悦，彼在囚牢，何情何理，而必屈物之性以适吾性乎！至于发系蜻蜓，线缚螃蟹，为小儿玩具，不过一时片刻便折拉而死。夫天地生物，化育劬劳，一蚁一虫，皆本阴阳五行之气絪缊而出。上帝亦心心爱念。而万物之性，人为贵。吾辈竟不能体天之心以为心，万物将何所托命乎？蛇蚖、蜈蚣、豺狼、虎豹，虫之最毒者也，然天既生之，我何得而杀之？若必欲尽杀，天地又何必生？亦惟驱之使远，避之使不相害而已。蜘蛛结网，于人何罪，或谓其夜间咒月，令人墙倾壁倒，遂击杀无遗。此等说话，出于何经何典，而遂以此残物之命，可乎哉？可乎哉？

——《张板桥集·潍县署中与舍弟墨第二书》

大意：

我五十二岁时才有一子，哪有不爱他的道理！但爱子必须有原则，即使平时嬉戏玩耍，也一定要注意培养他的忠厚性情和同情心，不可使其成为刻薄急躁之人。平生最不喜欢在笼中养鸟，我贪图快乐，而它在笼中，有什么情理，要让它屈服来适应我的性情！至于用头发系住蜻蜓，用线绑住螃蟹，把它们作为小孩玩具，不到一会儿就被拉扯死了。天生万物，正如父母养育子女一样辛劳，一只蚂蚁、一个虫子，都是在阴阳五行的变化中不断繁衍出来的。上天也很爱惜它们。然而人是万物之中最珍贵的，我们竟然不能体谅上天的用心，那么万物将如何托付给我们呢？毒蛇、蜈蚣、狼、虎豹是最毒的，但是上天已经让它们生出来，我凭什么要杀它们？如果一定要赶尽杀绝，天地何必要生它们呢？其实，只要把它们驱赶远，让它们不要伤害我们就行了。蜘蛛结网，对人有什么妨碍？可有人却说它在夜间诅咒月亮，让墙壁倒下，于是蜘蛛便被全部杀光。这些言论出自哪部经典之作？甚至将其作为残害生灵性命的依据，这样可以吗？可以吗？

> **小知识** 郑板桥（1693–1765），名燮，字克柔，江苏兴化人，清代画家、文学家，"扬州八怪"之一。郑板桥晚年得子，对其十分疼爱。但因他当时在外做官，无法在孩子身边对其加以教导，于是便写信给他弟弟，希望他能帮助自己管教孩子。

二 天生人成

①

君子以德，小人以力。力者，德之役也。百姓之力，待之而后功；百姓之群，待之而后和；百姓之财，待之而后聚；百姓之势，待之而后安；百姓之寿，待之而后长。父子不得不亲，兄弟不得不顺，男女不得不欢。少者以长，老者以养。故曰："天地生之，圣人成之。"此之谓也。

——《荀子·富国》

解字说文

说文 君子靠的是德行，小人靠的是力气。用力气之人受用德行之人的役使。百姓的力量，要依靠君子之德，然后才能取得成效；百姓组织在一起，依靠君子之德，然后才能和谐；百姓的财物，依靠君子的治理，然后才能够积聚；百姓的地位，依靠君子的治理，才能够安定；百姓的寿命，依靠君子的仁爱，才

能够长久。父子之间没有君子的教化就不会相亲相爱，兄弟之间没有君子的教化就不会相互和顺，夫妇之间没有君子的教化就得不到欢愉。年幼者依靠君子的教化长大成人，年老者依靠君子的教化得到赡养。所以说："天地生养了人，圣人成就了人。"说的就是这个道理。

②

天行有常，不为尧存，不为桀亡。应之以治则吉，应之以乱则凶。强本而节用，则天不能贫；养备而动时，则天不能病；修道而不贰，则天不能祸。故水旱不能使之饥渴，寒暑不能使之疾，袄怪不能使之凶。本荒而用侈，则天不能使之富；养略而动罕，则天不能使之全；倍道而妄行，则天不能使之吉。故水旱未至而饥，寒暑未薄而疾，袄怪未至而凶。受时与治世同，而殃祸与治世异，不可以怨天，其道然也。故明于天人之分，则可谓至人矣。

——《荀子·天论》

🍃 解字说文

解字 修：遵循。贰：三心二意。

说文 天道的运行是有规律的，并不会因为尧而存在，也不会因为桀而消亡。用适当的措施去适应就会收获吉利，相反，用不适当的措施去适应就会招致凶险。加强农业生产，同时节约用度，那么上天不会使他贫穷；衣食充足而让百姓按季节劳作，那么上天不会使他困苦；一直按照规律办事，那么上天就不会降祸于他。所以，水旱灾害不能使他饥渴，酷暑严寒不能让他生病，自然界的异常变化不能给他带来凶险。反之，荒废农业同时又奢侈无度，那么上天不会使他富裕；衣食不足同时又懒于劳动，那么上天不会使他健康地生存下去；背离天道同时又肆意而为，那么上天自然不会使他吉利。所以，水旱灾害没有来临他就挨饿了，酷暑严寒没有降临他就生病了，自然界的异常变化还没有出现他就遭殃了。遇到的天时与治世相同，遇到的灾祸却与治世大异，这不可以埋怨天，这是人的不合理行为造成的。因此懂得了天与人的职责，便可以说是圣人了。

③

不为而成，不求而得，夫是之谓天职。如是者，虽深，其人不加虑焉；虽大，不加能焉；虽精，不加察焉；夫是之谓不与天争职。天有其时，地有其财，人有其治，夫是之谓能参。舍其所以参，而愿其所参，则惑矣！

——《荀子·天论》

解字说文

解字 能：此处作动词，尽力参与。

说文 无所作为就能获得成功，不刻意去追求就能有所收获，这便是天的职能。正是如此，天道虽然深远，圣人对它也不会加以思考；天道虽然广大，圣人对它也不会加以干预；天道虽然精妙，圣人对它也不会加以考察，这就是不与天争职能。天有时令，地有财富，而人有治理能力，这就是能与天地配合的和谐状态。舍弃了自己与天地配合的能力，而一味地寄希望于天道的恩赐，那就太糊涂了。

阅读拓展

女娲补天

往古之时，四极废，九州裂；天不兼覆，地不周载；火爁炎而灭，水浩洋而不息；猛兽食颛民，鸷鸟攫老弱。于是女娲炼五色石以补苍天，断鳌足以立四极，杀黑龙以济冀州，积芦灰以止淫水。苍天补，四极正；淫水涸，冀州平；狡虫死，颛民生。背方州，抱圆天；和春阳夏，杀秋约冬，枕方寝绳；阴阳之所壅沈不通者，窍理之；逆气戾物、伤民厚积者，绝止之。当此之时，卧倨倨，兴眄眄；一自以为马，一自以为牛；其行蹎蹎，其视瞑瞑；侗然皆得其和，莫知所由生，浮游不知所求，魍魉不知所往。当此之时，禽兽蝮蛇，无不匿其爪牙，藏其螫毒，无有攫噬之心。考其功烈，上际九天，下契黄垆；名声被后世，光晖重万物。乘雷车，服驾应龙，骖青虬，援绝瑞，席萝图，黄云络，前白螭，后奔蛇，浮游消摇，道鬼神，登九天，朝帝于灵门，宓穆休于太祖之下。然而不彰其功，不扬其声，隐真人之道，以从天地之固然。何则？道德上通，而智故消灭也。

——《淮南子·览冥训》

大意：

远古时代，四根擎天大柱倾倒，九州大地裂毁，天不能覆盖大地，大地无法承载万物，大火蔓延不熄，洪水泛滥不止，猛兽吞食良民，凶禽捕击老弱。于是女娲冶炼五色石来修补苍天，砍下鳌足当擎天大柱，堆积芦灰来制止洪水，斩杀黑龙来平息冀州。苍天补好，四柱擎立，洪水消退，冀州平定，狡诈的禽兽被杀死了，这时善良的百姓有生路。女娲背靠大地、怀抱青天，让春天温暖，夏天炽热，秋天肃杀，冬天寒冷。她头枕着方尺、身躺着准绳，当阴阳之气阻塞不通时，便给予疏理贯通；当逆气伤物危害百姓积聚财物时，便给予禁止消除。到这个时候，天清平、地安定，人们睡时无忧无虑，醒时弃智无谋；或以为牛，或以为马，随人呼召；行动舒缓沉稳，走路漫无目的，视物若明若暗；朣朦无知、天真幼稚与天道万物和谐，谁也不知产生缘由，随意闲荡不知所归，不求所需，飘忽不定没有目标。到了这时，野兽毒蛇全都收敛藏匿爪牙、毒刺，没有捕捉吞食的欲念。考察伏羲氏、女娲他们的丰功伟绩，上可以通九天，下可以契合到黄泉下的垆土上，名声流传后世，光晖熏炙万物。他们以雷电为车，应龙居中驾辕，青虬配以两旁，手持稀奇的瑞玉，铺上带有图案的车垫席，上有黄色的彩云缭绕，前面由白螭开道，后有腾蛇簇拥追随，悠闲遨游，鬼神为之引导，上登九天，于灵门朝见天帝，安详静穆地在太祖那里休息。尽管如此，他们从来不标榜炫耀自己的功绩，从来不张扬彰显自己的名声，他们隐藏起真人之道，以遵从天地自然。为何这样呢？因为道德通彻于上，所以智巧奸诈就无法存在了。

第十七单元 人人皆可为尧舜

一 圣人，人伦之至也

①

曹交问曰："人皆可以为尧舜，有诸？"孟子曰："然。""交闻文王十尺，汤九尺，今交九尺四寸以长，食粟而已，如何则可？"曰："奚有于是？亦为之而已矣。有人于此，力不能胜一匹雏，则为无力人矣；今日举百钧，则为有力人矣。然则举乌获之任，是亦为乌获而已矣。夫人岂以不胜为患哉？弗为耳。徐行后长者谓之弟，疾行先长者谓之不弟。夫徐行者，岂人所不能哉？所不为也。尧舜之道，孝弟而已矣。子服尧之服，诵尧之言，行尧之行，是尧而已矣。子服桀之服，诵桀之言，行桀之行，是桀而已矣。"

——《孟子·告子下》

解字说文

解字 粟：小米。雏：小鸡。钧：古代的重量单位，今三十斤为一钧。乌获：古代的大力士。

说文 曹交问道："人人都可以成为尧舜，有这话吗？"孟子答道："有的。"曹交又问："我听说文王身高十尺，汤身高九尺，如今我有九尺四寸多高，只会吃饭罢了，我要怎样才能成为像尧舜一样的圣人呢？"孟子说："这（与身高）又有什么关系呢？只要去做就行了。要是有人，以为自己一只小鸡都提不起来，便是毫无力气的人了；如果说能够举起三千斤，便是很有力气的人了。那么，举得起乌获所能举的重量的，也就是乌获了。一个人怎能以不胜任为忧呢？只是不去做罢了。慢点儿走，走在长者之后，便叫悌；飞快地走，抢在长者之前，便叫不悌。慢点儿走，难道是人所不能做到的吗？只是不去做罢了。尧舜之道，也不过就是孝和悌而已。你穿尧的衣服，说尧的话，做尧的所作所为，便是尧了。你穿桀的衣服，说桀的话，做桀的所作所为，便是桀了。"

②

滕文公为世子，将之楚，过宋而见孟子。孟子道性善，言必称尧舜。世子自楚反，复见孟子。孟子曰："世子疑吾言乎？夫道一而已矣。成𬌡谓齐景公曰：'彼，丈夫也；我，丈夫也；吾何畏彼哉？'颜渊曰：'舜，何人也？予，何人也？有为者亦若是。'公明仪曰：'文王，我师也；周公岂欺我哉？'今滕，绝长补短，将五十里也，犹可以为善国。《书》曰：'若药不瞑眩，厥疾不瘳。'"

——《孟子·滕文公上》

解字说文

解字 世子：太子。成瞷（jiàn）：齐国的勇臣。瞑眩：头晕目眩。瘳（chōu）：病愈。

说文 滕文公还在做太子的时候，要到楚国去，途经宋国，去会见了孟子。孟子和他讲人性本是善良的道理，开口闭口不离尧舜。太子从楚国回来，再次来拜见孟子。孟子说："太子怀疑我的话吗？天下的真理就这么一个。成瞷对齐景公说：'他是个男子汉，我也是个男子汉，我为什么怕他呢？'颜渊说：'舜是什么样的人，我也是什么样的人，有作为的人也会像他那样。'公明仪说：'文王是我的老师，周公难道会骗我吗？'现在的滕国，取长补短，也有方圆五十里土地，还可以治理成一个好国家。《书经》说：'如果人吃了药头晕目眩，病是好不了的。'"

③

圣也者，尽伦者也；王也者，尽制者也。两尽者，足以为天下极矣。故学者，以圣王为师，案以圣王之制为法，法其法，以求其统类，以务象效其人。向是而务，士也；类是而几，君子也；知之，圣人也。

——《荀子·解蔽》

解字说文

解字 案：语助词。几：接近。

说文 圣人，是完全明白事理的人；王者，是彻底了解制度的人。以上两个方面都精通的人，就可以达到天下的极致了。所以，学者要把圣王当老师，把圣王的制度当成行为的法度，效法圣王的法度，探求圣王的纲领，并努力效法圣王的为人。向往这种圣王之道而且努力追求的人，是士人；效法这种圣王之道而且接近它的人，是君子；通晓这种圣王之道的人，就是圣人。

阅读拓展

先生锻炼人处，一言之下，感人最深。一日，王汝止出游归。先

生问曰："游何见？"对曰："见满街都是圣人。"先生曰："你看满街人是圣人，满街人倒看你是圣人在。"又一日，董萝石出游而归。见先生曰："今日见一异事。"先生曰："何异？"对曰："见满街人都是圣人。"先生曰："此亦常事耳，何足为异！"

——王阳明《传习录》卷下

大意：

《传习录》是明代心学家王阳明的语录及部分书信汇编而成的儒学著作，由其门人徐爱、钱德洪等编集。《传习录》分上、中、下三卷，卷上为王守仁讲学答疑的语录，卷中是他写给别人的七封书信，卷下一部分是语录，一部分是他编的《朱子晚年定论》。这段话大意是：先生点化人，一句话就能使人感受很深。一天，王汝止出游归来，先生问他："出去看到了什么？"他回答："我看到满街都是圣人。"先生说："你看满街都是圣人，街上的人看你也是个圣人。"又一天，董萝石外出回来，见到先生说："今天发现一个奇怪的事。"先生说："什么怪事？"董萝石回答说："我看见满街都是圣人。"先生说："这是很平常的事，何足为怪！"

小知识 王守仁（1472-1529），字伯安，别号阳明，浙江余姚人。明代中叶著名教育家、思想家，早年曾筑室故乡阳明洞中讲学，故世称"阳明先生"。他一生热心教育事业，积极创办书院，处处讲学授徒，宣讲"致良知"学说，倡行"诗教"。

⚫ 圣人，道之极也

①

大哉圣人之道！洋洋乎！发育万物，峻极于天。优优大哉！礼仪三百，威仪三千。待其人而后行。故曰：苟不至德，至道不凝焉。故君子尊德性而道问学，致广大而尽精微，极高明而道中庸，温故而知新，敦厚以崇礼。是故居上不骄，为下不倍。国有道，其言足以兴；国无道，其默足以容。《诗》曰："既明且哲，以保其身。"其此之谓与！

——《中庸》

🐸 解字说文

解字 洋洋：广大的样子。峻：高大。优优：充足有余的意思。凝：凝聚，集中。倍：通"背"，违反，背弃。既明且哲，以保其身：出自《诗经·大雅·烝民》。

说文 真是伟大啊，圣人之道！如此广大繁盛，生发繁育了万物，像天一样崇高。是那样的丰富啊，礼的大纲有三百多项，细目有三千多条。这些都有待于德行高尚的人出现才可以施行。因此，如果不是具有至高德行的人，也就不能成就至高的道了。所以君子既要重视自己的德行，又要致力于勤学好问；既要达到道的广大的境界，又要穷尽道的精微之处；要具备极高明的道德，就要通达中庸的道理。温习已经掌握了的知识，并由此而获得新的知识，忠厚朴实而又崇尚礼义。因此，居于上位时不骄傲，居于下位时不违背礼义。国家有道的时候，他能够出谋划策，使国家强盛；国家无道的时候，他能以明智的态度，使自己免遭祸患。《诗经》里说："既通达道理，又很明智，就能保全自身。"大概说的是这个吧！

②

闻君子道，聪也；闻而知之，圣也。圣人知天道也，知而行之，义也。行之而时，德也。见贤人，明也。见而知之，智也。知而安之，仁也。安而敬之，礼也。圣，知礼乐之所由生也，五行之所和也。和则乐，乐则有德，有德则邦家兴。文王之示也如此，"文王在上，于昭于天"，此之谓也。

——《郭店楚简·五行》

🔆 解字说文

解字 文王在上，于昭于天：出自《诗经·大雅·文王》。

说文 1993年10月，湖北省荆门市郭店村战国墓出土了一批竹简，被考古学家称之为"郭店楚墓竹简"，又简称"郭店楚简"。这段文字便出自郭店楚简中的《五行》篇，大部分学者认为，《五行》篇是思孟学派的作品。以上所引这段话的意思是：只有聪明人才能听闻君子之道。能听闻君子道而且知道这就是君子道，这样的人可以称之为圣。圣人不仅知天道，而且还可以遵循天道而行，所以其行为可以称之为义。能够适时地践行天道就是德。能够识别贤人便是明智。能识别贤人并把握贤人之道就是睿智。聪慧睿智而且处事心中泰然就是仁。内心泰然，外表对人恭敬便是礼。知道礼乐的来源和仁、义、礼、智、圣五行和谐的原因，这就是圣了。五行和谐，则内心和乐，内心和乐然后才能有德，若人人有德，那么，国家就能兴旺发达。周文王的展现出来的状态也不过这样，"文王居高位，大德备成"，说的就是这个意思。

③

圣人也者，道之管也。天下之道管是矣，百王之道一是矣，故《诗》《书》《礼》《乐》之归是矣。《诗》言是，其志也；《书》言是，其事也；《礼》言是，其行也；《乐》言是，其和也；《春秋》言是，其微也。故《风》之所以为不逐者，取是以节之也；《小雅》之所以为《小雅》者，取是而文之也；《大雅》之所以为《大雅》者，取是而光之也；《颂》之所以为至者，取是而通之也。天下之道毕是矣。

——《荀子·儒效》

解字说文

解字 管：枢纽，关键。逐：追逐，流荡。文：修饰，润饰。

说文 圣人是思想原则的枢纽。天下的思想原则都集中在他这里了，历代圣王的思想原则也统一在他这里了，所以《诗》《书》《礼》《乐》也都归属到他这里。《诗》中的道，表示作者的志向；《书》中的道，说的是怎样处理政治事务；《礼》中的道，说的是人们应该怎样行为处事；《乐》中的道，说的是人们要有和谐愉快的心情；《春秋》中的道，说的是其具体情境中的微言大义。因此，《国风》之所以不随荒淫之君而流荡，是因为以圣人之道去节制它的缘故；《小雅》之所以为小雅，是因为以圣人之道去润饰它的缘故；《大雅》之所以为大雅，是因为以圣人之道去发扬光大它的缘故；《颂》之所以成为登峰造极的作品，是因为以圣人之道去贯通它的缘故。天下的思想原则全在圣人之道里了。

仲尼，元气也；颜子，春生也；孟子，并秋杀尽见。仲尼，无所不包；颜子示"不违如愚"之学于后世，有自然之和气，不言而化者也；孟子则露其才，盖亦时然而已。仲尼，天地也；颜子，和风庆云也；孟子，泰山岩岩之气象也。观其言，皆可以见之矣。仲尼无迹，颜子微有迹，孟子其迹著。……孔子尽是明快人，颜子尽恺弟，孟子尽雄辩。

——《河南程氏遗书》卷五

大意：

孔子是大圣之资，如天地元气一般，浑然天成。颜子则如春天，生发万物。孟子则如凛冽秋风，刚毅而严峻。孔子道德全备，无所不包。颜子给后世学者留下的印象是：从不违背孔子的话，显得很愚笨的样子，然而颜子并不愚笨，他禀赋有一种自然和谐之气，不用言语就可以化通一切。孟子则显露自己的才能，也是时势所趋而已。孔子，如天地一般宽广；颜子有和风庆云的气象；孟子气象高迈，如泰山一般，峻极不可逾越。观察他们的言语可以体会到这种区别。孔子浑然无迹，颜子，人们略微可以窥见他的形迹；孟子则处处张显他的特点。孔子是明快人，颜子和乐平易，孟子则是雄辩大师。

三 孔子，圣之时者也

①

仲尼祖述尧舜，宪章文武，上律天时，下袭水土。辟如天地之无不持载，无不覆帱；辟如四时之错行，如日月之代明。万物并育而不相害，道并行而不相悖。小德川流，大德敦化。此天地之所以为大也。

——《中庸》

🔖 解字说文

解字 祖述：传述。宪章：效法。律：遵循。袭：因袭。辟：同"譬"。帱：覆盖。代：更迭，交替。敦化：敦厚纯朴，潜移默化。

说文 孔子传述、继承尧舜所创立的道德文化，遵从、效法周文王和周武王确立的典章制度，上遵循天时，下符合地理。他的德就像天地那样，没有什么不能承载，没有什么不能覆盖。就好像是四季交替运行，就如同日月更迭照耀万物。万事万物共同养育于天地万物之间而不互相侵害，各行其道而不相冲突。小德如河水川流不息，大德深厚化育万物。这就是天地之所以伟大的原因。

②

昔者子贡问于孔子曰："夫子圣矣乎？"孔子曰："圣则吾不能。我学不厌而教不倦也。"子贡曰："学不厌，智也；教不倦，仁也。仁且智，夫子既圣矣。"

夫圣，孔子不居，是何言也？""昔者窃闻之：子夏、子游、子张皆有圣人之一体，冉牛、闵子、颜渊则具体而微，敢问何安。"曰："姑舍是。"曰："伯夷、伊尹何如？"曰："不同道。非其君不事，非其民不使；治则进，乱则退，伯夷也。何事非君，何使非民；治亦进，乱亦进，伊尹也。可以仕则仕，可以止则止，可以久则久，可以速则速，孔子也。皆古圣人也，吾未能有行焉；乃所愿，则学孔子也。"

——《孟子·公孙丑上》

🔠 解字说文

说文 从前子贡问孔子道："先生是圣人了吧？"孔子说："圣人，我做不到，我只是学习而不知满足，教人而不知疲倦。"子贡说："学习而不知满足，是明智；教人而不知疲倦，是仁爱。明智而且仁爱，先生已经是圣人了！"圣人，连孔子都不愿自居，你却加在我头上，你说的是什么话呀！公孙丑说："以前我听说过，子夏、子游、子张都各有孔子的一部分长处，冉牛、闵子、颜渊则大体接近孔子，却不如他那样博大精深。请问老师：您自居于哪一种人？"孟子说："暂且不谈这个。"公孙丑又问："伯夷、伊尹怎么样？"孟子说："也不相同。不是他理想的君主，他不服事；不是他理想的百姓，他不使唤；天下太平就出来做官，天下昏乱就退而隐居，伯夷是这样的。任何君主都可以去服事，任何百姓都可以去使唤；天下太平做官，天下大乱也做官，伊尹是这样的。应该做官就做官，应该辞职就辞职，应该继续干就继续干，应该马上走就马上走，孔子是这样的。他们都是古代的圣人，可惜我没有做到；至于我所希望的，是学习孔子。"

③

孟子曰：“伯夷，圣之清者也；伊尹，圣之任者也；柳下惠，圣之和者也；孔子，圣之时者也。孔子之谓集大成。集大成也者，金声而玉振之也。金声也者，始条理也；玉振之也者，终条理也。始条理者，智之事也；终条理者，圣之事也。”

——《孟子·万章下》

🔖 解字说文

解字 金声：指金属乐器钟、镈等发出的声音。玉振：指玉磬等发出的声音。

说文 孟子说：“伯夷，是圣人中清高的人；伊尹，是圣人中负责任的人；柳下惠，是圣人中随和的人；孔子，是圣人中明时达变的人。孔子可以说是集众多圣人德行于一身的人。集众多圣人德行于一身的意思，就像奏乐时先以击打钟镈开场，最后敲击玉磬收尾一样，有始有终，完完整整。击打钟镈，是条理的开始；敲击玉磬，是条理的终结。条理的开始在于智，条理的终结在于圣。

🔖 阅读拓展

太史公曰：《诗》有之：“高山仰止，景行行止。”虽不能至，然心乡往之。余读孔氏书，想见其为人。适鲁，观仲尼庙堂车服礼器，诸生以时习礼其家，余祗回留之不能去云。天下君王至于贤人众矣，当时则荣，没则已焉。孔子布衣，传十余世，学者宗之。自天子王侯，中国言六艺者折中于夫子，可谓至圣矣！ ——《史记·孔子世家》

大意：

太史公说：《诗经》上有这样的话：“高高的山岭令人瞻仰，宽广的大路导人遵循。”即使我达不到那样的境界，但总是向往那个伟大的目标。我阅读了孔氏的著作，可以想到他的为人。前往鲁地，参观了仲尼的庙堂、车辆、衣服、礼器，儒生按时到孔子旧居演习礼仪，我怀着敬仰的心情，流连徘徊，不愿离去。天下的君王以及贤达人士众多，在世时非常荣耀，去世后就一切都终止了。孔子是一个布衣平民，他的学说流传了十几代，使学者宗仰。上自天子王侯，凡中国谈论六艺的人，都以孔子的学说为是非的标准，可以说孔子是至高无上的圣人了。

小知识 司马迁（约前145 – 约前90），字子长，左冯翊夏阳（今陕西韩城南）人，西汉史学家、文学家。初任郎中，元封三年（前108）袭父之职为太史令。太初年间，参与历法改革及制定太初历。由于为投降匈奴的李陵辩护，被汉武帝打入大狱，受腐刑。出狱后出任中书令，发愤著述，以顽强的意志写完了《史记》。《史记》是我国第一部纪传体通史，在中国史学史和文学史上产生了深远的影响。全书130篇，由本纪12篇、表10篇、书8篇、世家30篇、列传70篇组成，共计526500字。《史记》记载了上起黄帝，下迄汉武帝天汉年间的政治、经济、军事、文化、少数民族和外国历史等内容。